ABC der Tiere

Sprachbuch 2

Herausgegeben von
Klaus Kuhn

Neu erarbeitet von
Mareike Hahn
Marketa Görgen
Kerstin Mrowka-Nienstedt

Mildenberger

Inhalt

Wieder in der Schule

Rund um das Abc

Im Wald und auf dem Feld

Bei uns und anderswo

● Sprechen und Zuhören ● Schreiben ● Richtig schreiben ● Lesen – mit Texten und Medien umgehen ● Sprache und Sprachgebrauch untersuchen

Durch das Jahr

Wir – Du – Ich: Kennst du mich?

Märchenhafte Welten

Inhalt

Natur erleben und entdecken

Rund um Bücher und Medien

Tiere als Freunde

● Sprechen und Zuhören ● Schreiben ● Richtig schreiben ● Lesen – mit Texten und Medien umgehen ● Sprache und Sprachgebrauch untersuchen

Fantasie und Wirklichkeit

Die Symbole bedeuten

- Sprich und klatsche dazu.*
- Höre genau zu.
- ③ Zusatzaufgabe
- Alles Wichtige findest du in der Schatzkiste.

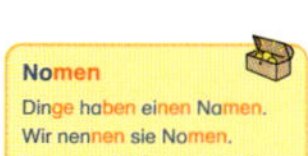

- Klassengespräch
- Partner- oder Gruppenarbeit
- Rollenspiel
- Ich – Du – Wir
- Über Lernen sprechen
- Sprache untersuchen / ein Rechtschreibgespräch führen

Aufgaben zur Medienkompetenz

1 Aufgaben** im
- • Anforderungsbereich 1
- •• Anforderungsbereich 2
- ••• Anforderungsbereich 3

* Rhythmisiertes Sprechen und Klatschen der Kontrastpaare als Grundlage zur richtigen Schreibung der doppelten Mitlaute

** Die Aufgaben orientieren sich an den Anforderungsniveaus der Bildungsstandards und Lehrpläne der Bundesländer

Wieder in der Schule

❶ Schau dir das Bild an. Erzähle.

❷ Wie sprechen die Kinder der Klasse miteinander?

❸ Was passt zu einem guten Gespräch?

ⓐ Mia, du sprichst zu leise!

ⓑ Könntest du bitte lauter sprechen?

ⓒ Das ist aber eine komische Feder!

ⓓ Malte, woher hast du die Feder?

ⓔ Jetzt will ich aber etwas sagen!

ⓕ Mia, ich möchte auch etwas sagen.

❹ Welche Gesprächsregeln sind für euch wichtig?

5 Bringt Andenken aus euren Ferien mit und erzählt dazu.

6 Was war gut an eurem Gespräch?
Auf welche Regeln wollt ihr noch stärker achten?

7 Gestaltet ein Plakat mit euren Gesprächsregeln.
Anschließend unterschreibt jedes Kind.

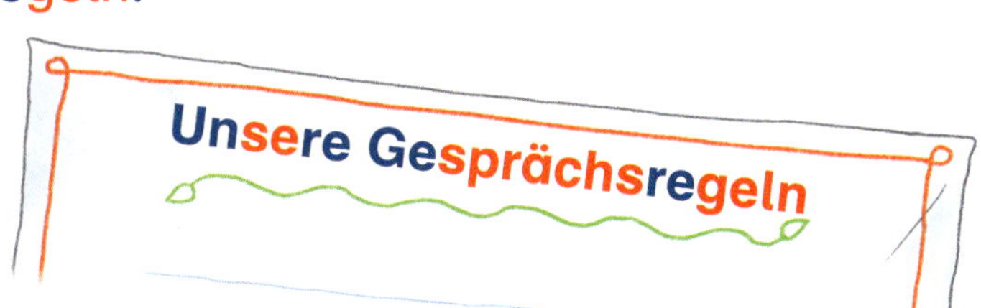

8 Welche Erfahrungen habt ihr mit Nachrichten auf dem Handy?
Sollten dort dieselben Regeln gelten wie bei einem Gespräch?

Nomen

1 Ich: Wie kannst du die Kärtchen ordnen?

Du: Wie habt ihr die Kärtchen geordnet? Vergleicht.

Wir: Stellt eure Möglichkeiten in der Klasse vor.

2 Schreibe die Wörter auf den Kärtchen in dein Heft.

Schreibe so: Menschen: Frau, ...
Tiere: ...
Pflanzen: ...
Dinge: ...

3 Ordne die Nomen und schreibe wie bei Aufgabe 2.

Pferd	Stift	Mann	Busch	Junge	Glas
Katze	Vogel	Mädchen	Salat	Tulpe	Tisch

Nomen

Namen von Menschen, Tieren, Pflanzen und Dingen heißen Nomen. Wir schreiben sie groß.

Tisch

Junge

Baum

Wolf

Auto

Tulpe

Kind

Löwe

Raupe

Kiste

Gras

Oma

4 Die Kinder wollen Quartett spielen.
Welche Karten gehören zusammen?
Schreibe so: Menschen: *Oma*, ...

5 Bei einem Quartett gehören immer vier Karten zusammen.
Überlege dir Nomen für die umgedrehten Karten.
Schreibe sie auf Karten und male dazu.

6 Bildet eine Vierergruppe und spielt Quartett.

7 Welche Quartett-Spiele kennt ihr?
Welche Karten gehören dort zusammen?

Silbenhaus A und Silbenhaus B

1 Untersucht die Silbenhäuser.

Wörter im Silbenhaus haben immer ▬ Silben.

a, e, i, o, u stehen immer im ▬

drei Zimmer bei Silbenhaus ▬

zwei große Zimmer bei Silbenhaus ▬

Das 1. Zimmer kann frei bleiben.

ie und ei stehen im Silbenhaus ▬

2 Ordne die Wörter zu und schreibe so ins Heft:

Silbenhaus A	Silbenhaus B
Bienen	Tante

Bienen Tante Brote Regen Insel Rinde Esel Erde

3 Schreibe weitere Nomen für Silbenhaus A und Silbenhaus B auf.

Bestimmter Artikel: der, die, das

1 Lili, Sina, Momo und Wali haben Hofdienst. Sie sammeln den Müll ein.
Welche Wörter stehen vor den Nomen?

Bestimmter Artikel

Vor Nomen steht oft der bestimmte Artikel **der**, **die** oder **das**.

2 Welcher bestimmte Artikel passt?
Schreibe die Nomen mit Artikel in dein Heft.

▬ Müll	▬ Brille	▬ Eimer	▬ Kind
▬ Baum	▬ Blume	▬ Glas	▬ Wolke
▬ Schere	▬ Pinsel	▬ Blatt	▬ Bank

3 Schreibe weitere Nomen ohne Artikel auf ein Blatt.
Tauscht eure Blätter. Schreibe den passenden Artikel vor jedes Nomen.
Besprecht eure Lösungen.

4 Was könnt ihr nach der Pause auf eurem Schulhof finden?

Unbestimmter Artikel: ein, eine

1 Was hat Lili auf dem Schulhof eingesammelt?

Neben dem Abfalleimer lag ein <u>Apfel</u>.

Auf der Bank stand eine <u>Dose</u>.

Am Boden lag ein <u>Spielzeugauto</u>.

2 Welche Wörter stehen vor den unterstrichenen Nomen?

> **Unbestimmter Artikel**
>
> Vor Nomen kann auch der unbestimmte Artikel **ein** oder **eine** stehen.

3 Schreibe die Sätze aus den Sprechblasen ab.

4 Schreibe die Nomen mit dem unbestimmten Artikel auf.
Schreibe so: ein Stift, ...

Stift	Flasche	Tasche	Knopf
Ball	Jacke	Schuh	Karte
Banane	Füller	Wurst	Stein

5 Schreibe die Sätze ab und ergänze den unbestimmten Artikel.

Neben der Tür liegt ▬ Tüte.

Auf der Treppe steht ▬ Becher.

Auf dem Boden liegt ▬ Mütze.

6 Wie könnt ihr den Schulhof sauber halten? Sprecht über eure Ideen.

Einzahl – Mehrzahl

1 Die Klasse macht eine Ausstellung mit dem gesammelten Müll.
Was haben die Kinder an einem Schultag gefunden?

Einzahl – Mehrzahl

Nomen gibt es in der Einzahl und in der Mehrzahl.

2 Wie heißen die Dinge in der Einzahl?

Dosen Autos Tüten Stifte Äpfel

3 Schreibe die Nomen aus Aufgabe 2 so auf:

Einzahl	Mehrzahl
die Dose	die Dosen

4 Wie heißt der Artikel in der Mehrzahl?

5 Schreibe die Nomen in der Einzahl und in der Mehrzahl wie bei Aufgabe 3.

Rad Weg Herz Ampel Mütze
Hamster Nacht Ball Ring Zunge

6 Welchen Müll könnt ihr vermeiden?

Nomen-Probe

1 Lena will nur Nomen sammeln. Wie entscheidet sie?

1. Schritt
Ist das Wort ein Name für
- einen Menschen
- ein Tier
- eine Pflanze
- ein Ding?

2. Schritt
Passt
- der, die, das
- ein, eine

als Artikel davor?

3. Schritt
Kannst du die Mehrzahl bilden?

2 Schreibe die Nomen mit dem bestimmten Artikel auf.
Schreibe so: die Ente – die Enten

3 Sagt abwechselnd ein Wort. Wendet die Nomen-Probe an.

4 Suche in der Wörterschlange die fünf Nomen.
Schreibe sie in dein Heft.

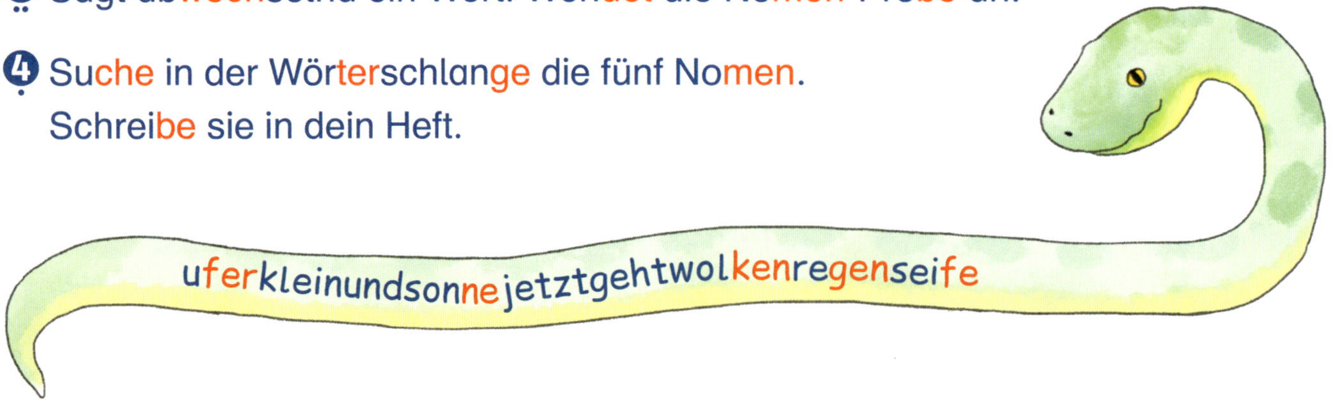

Eine Infotafel gestalten

1 Die Kinder der Klasse haben verschiedene Mitteilungen an ihre Infotafel geheftet.
Welche unterschiedlichen Mitteilungen hängen an der Infotafel?

2 Welches Kind hat als nächstes Geburtstag?
Stellt weitere Fragen zu der Infotafel.

3 Plant eine Infotafel für eure Klasse.
Schreibt eure Ideen in Stichworten auf.

4 Gestaltet eine Infotafel mit euren Ideen.

Unsere Infotafel
- Klassendienste
- Geburtstage
- ...

5 Warum ist es gut, eine Infotafel in der Klasse zu haben?

Das kann ich schon – 1

Auf diesen Seiten kannst du überprüfen, was du gelernt hast und was du noch üben musst. So gehst du vor:

Bearbeite die Aufgaben zu einem Thema.

Schätze dich selbst ein.

Kontrolliere mithilfe der Lösungen.

Wenn ich mehr als drei Fehler in einer Aufgabe habe, übe ich zu diesem Thema noch einmal mit dem Sprachbuch oder ich bitte um ein Lerngespräch.

Nomen und Artikel (Seite 8 – 14, Lösungsbeilage Seite 2)

❶ Welche Wörter sind Nomen?
Schreibe sie mit dem unbestimmten Artikel auf: *ein Stein*

Stein	vor	Berg	gestern	Buch
spielen	Raupe	husten	Schnecke	in

❷ Schreibe nur die Nomen mit dem bestimmten Artikel auf: die Hose, …

❸ Schreibe die Nomen in der Einzahl und in der Mehrzahl auf.
Schreibe so: *das Auto – die Autos*

Auto	Kind	Riese	Zeh	Messer
Teller	Blatt	Blume	Glocke	Fisch

4 Schreibe den Text in dein Heft und setze die passenden Nomen ein.

Jedes Jahr fahren die  mit dem  oder dem  weit weg.
Sie reisen an das  oder in die .
Im  sind  ,  und  .
Hoffentlich scheint die .

Hosen	Sonne	Auto	Leute	Meer
Berge	Socken	Koffer	Zug	Sonnenbrillen

Lerntagebuch

Ein Lerntagebuch hilft dir, darüber nachzudenken, was du gelernt hast und was du noch üben möchtest. Mit diesen Zeichen kannst du dich selbst einschätzen:

☺ Das kann ich sehr gut.
😐 Das mache ich meistens richtig.
☹ Das muss ich noch üben.

So führt Mia ihr Lerntagebuch:

Das kann ich schon:

- Ich erkenne Nomen und schreibe sie groß. ☺
- Ich kann Einzahl und Mehrzahl bilden. 😐
- Ich kann die richtigen Artikel verwenden. ☺
- Ich kann Wörter in Silbenhaus A und B eintragen. ☺
- Ich kann die Wörter der Wortliste richtig schreiben. ☺

Das möchte ich noch üben:

- Einzahl und Mehrzahl

Schreibe eine Seite in dein Lerntagebuch.

Wortliste

Blätter
Blume
Brille
Ferien
Glocke
Hund
Junge
Kind
Leute
Pflanze
Pfütze
Raupe
Riese
Schiff
Schnecke
Sonne
Straße
Tulpe
Wasser

Rund um das Abc

Mein kleiner Hund

A B C D E –

Mein Hund schwimmt gern im ___.

F G H I J –

Heraus springt er ganz ___.

K L M N O –

Holt's Stöckchen ___.

P Q R S T –

Mein Hund spielt gern im ___.

U V W und X –

Mein kleiner Hund macht ___.

Y und Z –

Ach, so ein Hund ist ___.

See

irgendwo

flott

nett

nichts

Schnee

1 Schau dir die Bilder an. Erzähle.

2 Lies das Abc-Gedicht. Welche Wörter passen?

3 Schreibe das Abc-Gedicht auf.

4 Ich: Lerne das Abc-Gedicht auswendig.

Du: Wie könnt ihr das Gedicht gemeinsam vortragen? Probiert mehrere Möglichkeiten.

Wir: Tragt das Gedicht in der Klasse vor.

Rund um das Abc

1 Welche Buchstaben fehlen?
Schreibe die Buchstabenreihen ab und ergänze.
Schreibe so: 1) *A, B, C, D, ...*

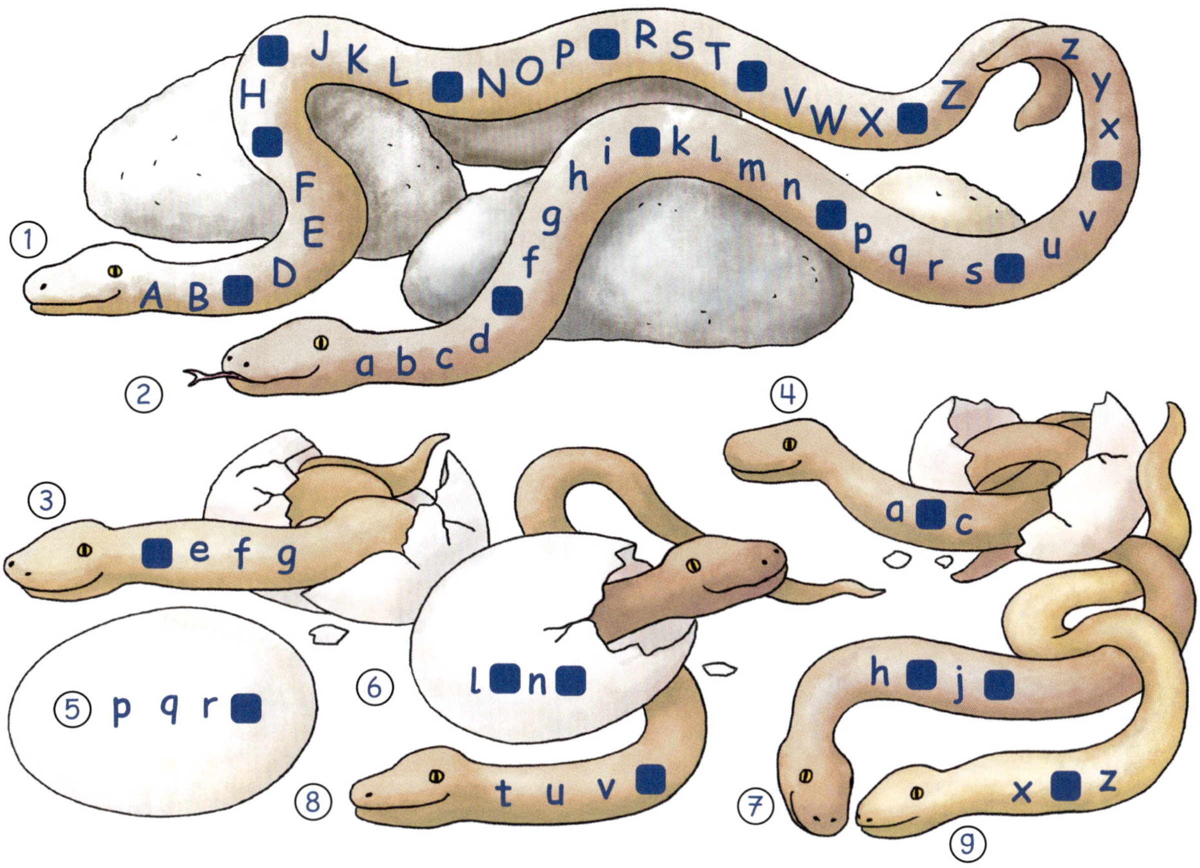

2 Schreibt ein Namen-ABC.
Sucht zu jedem Buchstaben einen Namen.

3 Stellt euer Namen-Abc in der Klasse vor.

4 Schreibe zu einem weiteren Thema ein Abc.

Essens-Abc	Tier-Abc	?

Selbstlaute – Mitlaute

1	A	a
2	B	b
3	C	c
4	D	d
5	E	e
6	F	f
7	G	g
8	H	h
9	I	i
10	J	j
11	K	k
12	L	l
13	M	m
14	N	n
15	O	o
16	P	p
17	Q	q
18	R	r
19	S	s
20	T	t
21	U	u
22	V	v
23	W	w
24	X	x
25	Y	y
26	Z	z

1 Schau dir den Buchstabenturm an:

- Aus wie vielen Buchstaben besteht das Abc?
- Wie viele Selbstlaute sind es?
- Wie viele Mitlaute sind es?

Selbstlaute und Mitlaute

Das Abc besteht aus Selbstlauten und Mitlauten.
A a, E e, I i, O o, U u sind Selbstlaute (Vokale).
Bei den Mitlauten (Konsonanten) klingen noch andere Laute mit: B b, C c, D d, F f, G g …

2 Löse die Rätsel in deinem Heft. Ordne jeder Zahl den passenden Buchstaben aus dem Turm zu.
Schreibe so:
Es fliegt, hat aber keine Federn. Es ist …

Es fliegt, hat aber keine Federn:
6 12 5 4 5 18 13 1 21 19

Es ist ein Vogel, kann aber nicht fliegen:
16 9 14 7 21 9 14

Es ist mal rot, mal grün, mal braun (ä = ae):
3 8 1 13 1 5 12 5 15 14

Es baut Hügel ohne Schaufel:
13 1 21 12 23 21 18 6

3 Erfinde selbst ein Rätsel und schreibe es auf.
Stelle es in der Klasse vor.

Erste Silbe: offen oder geschlossen?

1 Wie klingen die Selbstlaute in Silbenhaus A und in Silbenhaus B?

In Silbenhaus A klingt
der Selbstlaut …
Die erste Silbe endet mit …

In Silbenhaus B klingt
der Selbstlaut …
Die erste Silbe endet mit …

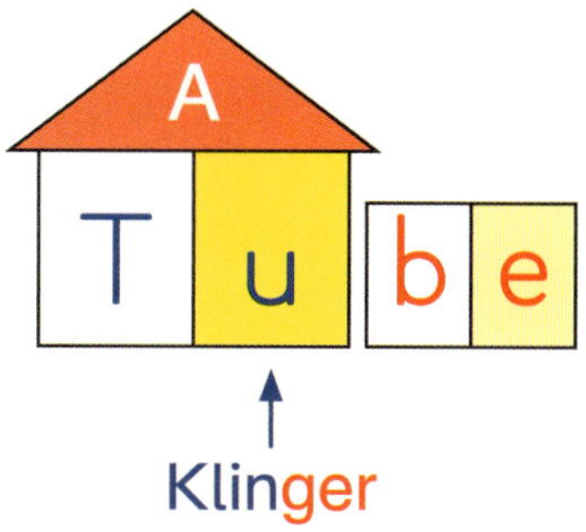

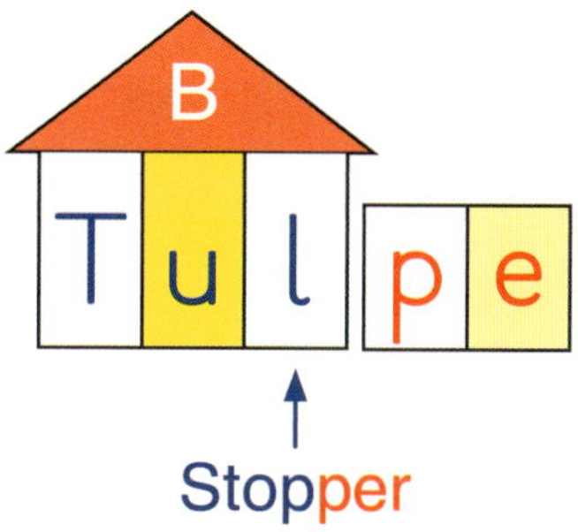

2 Ich: Sprich zuerst das ganze Nomen. Dann nur die erste Silbe.

Kinder   Blume   Igel   Wolken   Schule   Ente

Du: Untersucht bei jedem Nomen die erste Silbe:
Wie endet die erste Silbe?
Schreibt die Nomen in Silbenhaus A oder in Silbenhaus B.

Wir: Vergleicht eure Ergebnisse.

Silbenhaus A

In Haus A endet die erste Silbe mit einem Selbstlaut (Klinger). Die Silbe ist offen. Der Selbstlaut klingt lang.

Silbenhaus B

In Haus B endet die erste Silbe mit einem Mitlaut (Stopper). Die Silbe ist geschlossen. Der Selbstlaut klingt kurz.

3 Wie klingen die Selbstlaute in der ersten Silbe?
Ordne die Wörter so:

offene Silbe	geschlossene Silbe
Tafel	Tante

Tafel – Tante
Rind – Riese
Tore – Torte
Feder – Felder
Lumpen – Lupe

Nach dem Abc ordnen

Affe

Zebra

Delfin

Tiger

Gans

Krokodil

1 Ordne die sechs Tiernamen nach dem Abc.
Achte auf die Anfangsbuchstaben der Tiernamen.
Schreibe so:
1) *Affe*
2) ...

Nilpferd

Nashorn

Hase

Hamster

Zebra

Ziege

Maus

Marder

2 Ich: Ordne immer zwei Tiernamen nach dem Abc.
Auf welche Buchstaben musst du achten?

Du: Wie habt ihr die Tiernamen geordnet? Vergleicht.

Wir: Nach welcher Regel ordnet man Wörter mit gleichen Anfangsbuchstaben? Formuliert die Regel in der Klasse.

3 Schreibt alle Namen der Kinder aus eurer Klasse auf Kärtchen.
Ordnet die Namen nach dem Abc.

Nomen (Namenwörter)

Namen von Menschen, Tieren, Pflanzen und Dingen sind Nomen. Wir schreiben sie groß.

Nomen gibt es in der Einzahl und in der Mehrzahl. Der Artikel in der Mehrzahl ist immer: **die**.

das **Kind** – die **Kinder**
der **Hund** – die **Hunde**
die **Rose** – die **Rosen**
das **Buch** – die **Bücher**

Artikel (Begleiter)

Vor Nomen stehen oft Artikel.

bestimmter Artikel: **der**, **die**, **das**

unbestimmter Artikel: **ein**, **eine**

der Hund – **ein** Hund
die Rose – **eine** Rose
das Buch – **ein** Buch

Verben (Tunwörter)

Verben sagen uns, was jemand tut oder was passiert. Verben schreiben wir klein.

gehen:
ich gehe, du gehst, er/sie/es geht,
wir gehen, ihr geht, sie gehen

Adjektive (Wiewörter)

Adjektive beschreiben Nomen genauer: Wie ist jemand? Wie ist etwas? Adjektive schreiben wir klein.

Die Hose ist braun.

die braune Hose

Aussagesatz

Ein Aussagesatz besteht aus verschiedenen Bausteinen. Das Verb steht an zweiter Stelle. Am Satzanfang schreiben wir groß. Am Satzende steht ein Punkt.

Das Kind | fängt | den Ball.

Satzschlusszeichen

Aussagesatz:
Am Ende steht ein Punkt.

Das Kind fängt den Ball**.**

Fragesatz:
Am Ende steht ein Fragezeichen.

Wo spielt das Kind**?**

Aufforderungssatz / Ausruf:
Am Ende steht ein Ausrufezeichen.

Komm her**!**
Au, mein Daumen**!**

Selbstlaute und Mitlaute

Selbstlaute (Vokale): A a, E e, I i, O o, U u

Mitlaute (Konsonanten) sind alle anderen Buchstaben: B b, C c, D d, F f, G g …

Umlaute und Zwielaute

Umlaute: Ä ä, Ö ö, Ü ü

Zwielaute: Au au, Äu äu, Eu eu, Ei ei, Ai ai

Silbenhaus A, B, C

Die erste (betonte) Silbe steht im Haus.
In Haus A endet die erste Silbe mit einem Selbstlaut (Klinger).
In Haus B endet die erste Silbe mit einem Mitlaut (Stopper).

Die zweite (unbetonte) Silbe steht in der Garage.
In der Garage schreiben wir immer ein **e**.

lang – kurz

Wir hören zwischen dem Selbstlaut der ersten Silbe und dem **e** der zweiten Silbe **einen** Mitlaut, schreiben aber **zwei**.
Das **o** ist kurz. Wir schreiben das Wort in Silbenhaus C.

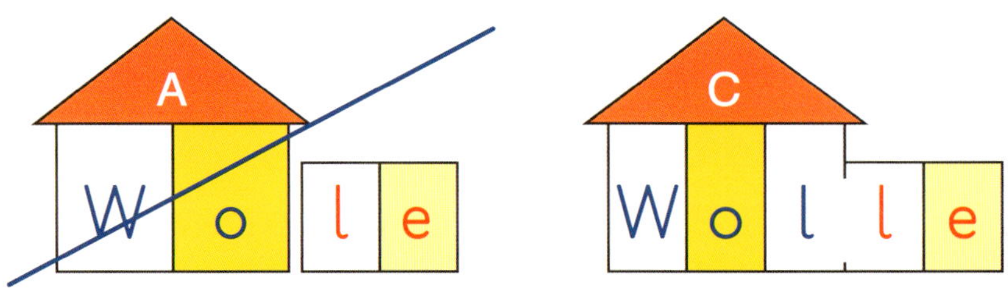

Wortstamm – Vor- und Nachsilbe

Wörter haben einen **Wortstamm**.
Wir knicken nach dem ersten Garagenplatz. So finden wir den Wortstamm.

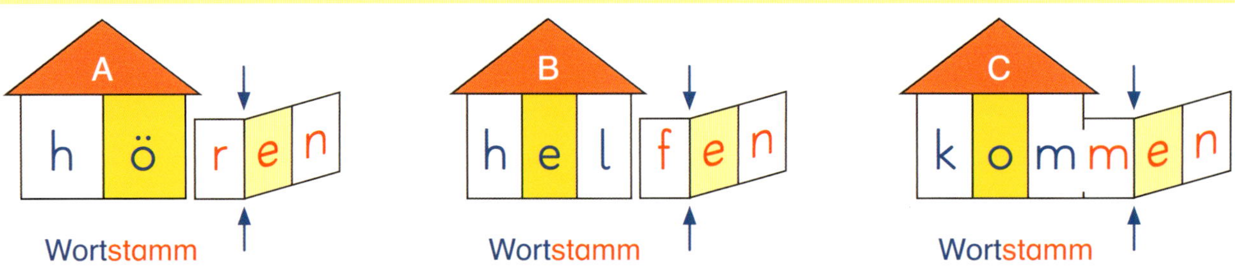

Vor- und Nachsilben verändern die Bedeutung von Wörtern.

hin gehen – weg gehen   Brot – Bröt chen

ABC der Tiere 2 – Sprachbuch bestehend aus Buch, Karton- und Lösungsbeilage
Bestell-Nr. 2407-93 • ISBN 978-3-619-24793-6

ABC der Tiere

Sprachbuch 2

Lösungen zur Selbstkontrolle

Mildenberger

Lösungen zur Selbstkontrolle

Das kann ich schon – 1 (Seite 16, 17)

❶ ein Stein, ein Berg, ein Buch, eine Raupe, eine Schnecke

❷ die Hose, das Pferd, der Turm, das Schiff, der Tisch, die Sonne

❸ das Auto – die Autos
das Kind – die Kinder
der Riese – die Riesen
der Zeh – die Zehen
das Messer – die Messer
der Teller – die Teller
das Blatt – die Blätter
die Blume – die Blumen
die Glocke – die Glocken
der Fisch – die Fische

❹ Jedes Jahr fahren die Leute mit dem Auto oder dem Zug weit weg. Sie reisen an das Meer oder in die Berge. Im Koffer sind Hosen, Socken und Sonnenbrillen. Hoffentlich scheint die Sonne.

Das kann ich schon – 2 (Seite 32, 33)

❶ bezahlen, Cent, Euro, Haus, Sonne, weinen

❷ Brot, Buch, Erde, Euro, Gemüse, grün

❸ individuelle Lösung

❹ singen, malen, vorlesen, werfen, rechnen, rennen

❺ Die Vögel fliegen.
Die Kinder spielen.
Die Autos hupen.
Die Sterne funkeln.
Die Blumen blühen.
Die Hunde bellen.

6 alle, Füller, rollen, Schale, Quelle, Schule, spielen, wollen, Kelle, sollen

7 Auf dem Bauernhof

Die Kinder besuchen einen Bauernhof.

Dort sehen sie viele Tiere.

Die Kühe grasen auf der Weide hinter dem Haus.

Der Hahn steht auf dem Misthaufen und kräht laut.

Die Bäuerin fährt mit dem Traktor auf den Hof.

Sie begrüßt die Kinder freundlich.

Jedes Kind bekommt ein Glas Milch. Das schmeckt lecker!

Das kann ich schon – 3 (Seite 44, 45)

1 singen, bluten, schreiben, finden, führen

2 bellen – bell

reisen – reis

sagen – sag

bremsen – brems

reden – red

wünschen – wünsch

3 Wali spielt mit seinem Freund Fußball.

Aisu malt ein Bild für ihre Tante.

Ben lacht über einen Witz.

Mesi trinkt gern Limonade.

Hanna schreibt einen Brief an ihre Freundin.

Jakob geht mit seinem Hund in den Park.

4 traben – er trabt

tragen – er trägt

retten – er rettet

kommen – er kommt

sagen – er sagt

Lösungen zur Selbstkontrolle

müssen – er muss

legen – er legt

wollen – er will

5 Mio erzählt:

Am Sonntag schlafen alle länger. Dann decke ich den Tisch.

Mutter kocht Kakao, Vater kauft frische Brötchen.

Nun frühstücken wir gemütlich zusammen.

Was macht ihr am Sonntagmorgen?

6 das Gras – die Gräser

der Apfel – die Äpfel

das Brett – die Bretter

das Lamm – die Lämmer

der Ast – die Äste

der Kamm – die Kämme

der Mann – die Männer

die Ente – die Enten

die Gans – die Gänse

der Delfin – die Delfine

7 die Maus – die Mäuse

der Baum – die Bäume

die Eule – die Eulen

der Schlauch – die Schläuche

der Raub – die Räuber

die Scheune – die Scheunen

der Bauch – die Bäuche

das Haus – die Häuser

die Beule – die Beulen

der Traum – die Träume

8 tragen – er trägt

leben – er lebt

halten – er hält

fahren – er fährt

fegen – er fegt

Das kann ich schon – 4 (Seite 58, 59)

❶ das Ohr + der Ring: der Ohrring

der Advent + der Kranz: der Adventskranz

der Tisch + die Decke: die Tischdecke

die Zeitung + der Bericht: der Zeitungsbericht

die Hand + der Ball: der Handball

die Schule + das Haus: das Schulhaus

❷ Im Winter ist es lange dunkel.

Die Kinder malen gerne mit einem Pinsel.

Schnitzel isst man mit Messer und Gabel.

❸ Sara ist krank. Sie liegt mit einer Erkältung im Bett.

Da klingelt es an der Haustür.

Aisu möchte Sara besuchen und schenkt ihr ein Buch.

Sara bedankt sich bei ihrer Freundin. Hoffentlich dauert es

nicht mehr lange, bis sie wieder gesund ist.

❹ lecker, Haken, schmecken, trocken, Ecke

❺ Opa pflückt Kirschen.

Eva häkelt eine Decke.

❻ Samira malt einen Stern auf gelbes Papier.

Sie schneidet den Stern mit einer Schere aus.

Sie klebt ihn an das Fenster.

❼ Beispiellösung:

Die Jungen spielen Karten.

Lösungen zur Selbstkontrolle

Sara liest in ihrem Tagebuch.

Die Katze fängt eine Maus.

Hanna flötet ein Lied.

Die Kinder schreiben einen Wunschzettel.

Aisu lernt ein Gedicht.

Das kann ich schon – 5 (Seite 72, 73)

1. die Zwerge – der Zwerg

   die Körbe – der Korb

   die Hände – die Hand

   die Diebe – der Dieb

   die Zweige – der Zweig

   die Gelder – das Geld

   die Ränge – der Rang/die Ränder - der Rand

   die Länder – das Land

2. Der Autofahrer hupt vor dem Haus.

   Der Hund bellt laut.

   Das Kind fragt die Lehrerin.

   Das Pferd trabt über die Wiese.

3. Wo warst du in den Ferien?

   Ich war bei meinen Großeltern.

   Was hast du dort gemacht?

   Ich habe Pfeile und einen Bogen gebaut.

   Wer hat dir geholfen?

   Opa hat mir dabei geholfen.

4. Beispiellösung:

   Wann suchen sich Teichfrösche einen geschützten Platz in der Nähe eines Gewässers?

   Wie schlägt ihr Herz in der Winterstarre?

   Was kann man fast nicht mehr spüren?

5 Individuelle Lösung

6 Individuelle Lösung

Das kann ich schon – 6 (Seite 84, 85)

1 Der Apfel ist rot.

Der Zwerg ist klein.

Die Musik ist laut.

Das Bonbon ist süß.

Das Haus ist groß.

Der Hund ist schwarz.

2 wütend, hungrig, enttäuscht, fröhlich, zornig, unglücklich, aufgeregt

3 Mein Hund ist sehr groß und schwer.

Max stößt sich den Fuß an einem Stein an.

Die Kinder lernen fleißig.

Schokolade schmeckt süß.

Die Suppe ist heiß.

Rätsel machen allen Kindern Spaß.

Ich muss noch die Blumen gießen.

4 Ich habe einen älteren Bruder. Er heißt Jan. Am Samstag helfen wir unseren Eltern im Haushalt. Jan wischt den Boden. Ich sauge die Zimmer und putze das Waschbecken. Was machst du zu Hause? Wenn alle mit anfassen, könnt ihr eher etwas gemeinsam unternehmen.

5 Vater, Bruder, Zimmer, schneller, Puppe, Teller, Kette, Suppe

Das kann ich schon – 7 (Seite 96, 97)

1 die Tasche – die Taschen

der Stern – die Sterne

die Säge – die Sägen

der Füller – die Füller

Lösungen zur Selbstkontrolle

der Hase – die Hasen

die Wurst – die Würste

das Kissen – die Kissen

❷ der Rock – das Röckchen

die Blume – das Blümchen

der Schirm – das Schirmchen

die Ente – das Entchen

die Gans – das Gänschen

das Tor – das Törchen

die Maus – das Mäuschen

das Haus – das Häuschen

❸ leise – laut

sauber – schmutzig

klein – groß

dunkel – hell

gut – böse

schwer – leicht

❹ kalt, schön, gesund, dick, stark, glücklich, alt

❺ Die Kinder finden Edelsteine.

Die Kinder finden schöne Edelsteine.

Die Kinder finden schöne, große Edelsteine.

Goldmarie schüttelt die Kissen.

Goldmarie schüttelt die weißen Kissen.

Goldmarie schüttelt die weißen, weichen Kissen.

Frau Holle ist eine Frau.

Frau Holle ist eine alte Frau.

Frau Holle ist eine alte, gerechte Frau.

❻ Mia gibt der Verkäuferin einen Euro.

Die Kinder räumen die neuen Spielsachen auf.

Die Feuerwehrmänner rollen die Schläuche aus.

❼ Sterntaler ist ein armes, kleines Mädchen. Es besitzt nur noch seine Kleider und ein Stück Brot. Allein geht es in die weite Welt hinaus. Es verschenkt das Brot und seine Kleider. Auf einmal fallen Sterne vom Himmel und werden zu Geldstücken.

Das kann ich schon – 8 (Seite 110, 111)

❶ das Haus + der Schlüssel: der Hausschlüssel

das Sofa + das Kissen: das Sofakissen

der Vogel + die Feder: die Vogelfeder

die Sonne + der Schirm: der Sonnenschirm

❷ der Kirschbaum: die Kirsche, der Baum

der Schuhschrank: der Schuh, der Schrank

die Ritterrüstung: der Ritter, die Rüstung

die Schneeflocke: der Schnee, die Flocke

die Haustür: das Haus, die Tür

❸ Hilf mir im Garten!

Mutter arbeitet im Garten.

Arne spielt in seinem Zimmer.

Beeile dich!

Wann kommst du wieder?

Hast du Hunger?

❹ Winter, Schiene, wissen, niesen, sieben, Kissen, Tinte, Wiese, winken, Riese

❺ die Bilder – das Bild

die Briefe – der Brief

die Schiffe – das Schiff

die Kinder – das Kind

Lösungen zur Selbstkontrolle

die Tiere – das Tier

die Spiele – das Spiel

die Diebe – der Dieb

❻

ch wie in Milch	ch wie in Buch
Teich	suchen
reich	machen
leicht	Dach
rechnen	lachen
weich	Woche

Das kann ich schon – 9 (Seite 122, 123)

❶ einholen, ausholen, abholen, aufholen, aussagen, vorsagen, absagen, aufsagen

❷ Mia muss den Aufsatz vorschreiben. Der Arzt verschreibt Mio Hustensaft.
Momo darf an die Tafel vorgehen. Die Zeit vergeht langsam.
Hanna will die Geschichte vorlesen. Sie verliest sich dreimal.

❸ Morgens spaziert das Sams zum Spielplatz.
Es geht mit seiner Schaufel zum Sandkasten.
Dann steckt es sich ein Stück Sandkuchen in den Mund.
Die anderen Kinder staunen.
Später läuft das Sams zum Sportplatz und stellt sich an den Zaun.

❹ Hanna beobachtet, wie Bienen Nektar sammeln.
Timo entdeckt am Waldrand ein Reh.
Der Kapitän blickt auf das Meer hinaus.
In aller Ruhe betrachtet er das Gemälde.

❺ Das Wasser fließt aus der Quelle in den See.
Sara geht mit ihrem Vater ins Schwimmbad.

Auf dem Spielplatz sind viele Kinder.

In der Vase sind gelbe Tulpen.

Die Hexe reitet auf ihrem Besen durch die Luft.

Xaver hat 80 Cent in seinem Geldbeutel.

6 Stöcke, Spinne, Ställe, Splitter, Stufen, Spucke

Das kann ich schon – 10 (Seite 138, 139)

1 Essen und Trinken: Kekse, Bananen, Milch, Cornflakes

Strandsachen: Sonnenschirm, Strandtuch, Schaufel, Schwimmbrett

Kleidung/Schuhe: Hosen, T-Shirts, Sandalen, Schlafanzug

Körperpflege: Zahnbürste, Zahnpasta, Seife, Waschlappen

2 Timo fährt mit dem Fahrrad zu seinem Pflegepony. Er bindet das Pony an einen Pfosten. Dann pflegt er das Fell mit einer Bürste. Das Pferd ist ungeduldig und stampft mit den Hufen. Timo ist gleich fertig. Danach füttert er das Pony mit einem Apfel.

3 Spatzen, Schnauze, reizen, Katze, Weizen, flitzen, wetzen, kratzen

4 individuelle Lösung

5 individuelle Lösung

Das kann ich schon – 11 (Seite 148, 149)

1 l: Zahl, kühl, Wahl

m: Lehm, zahm, lahm

n: Sohn, Zahn, zehn

r: Jahr, Ohr, Uhr

2 Ein Jahr hat zwölf Monate.

Jan ist zehn Jahre alt.

Die Fünf ist eine Zahl.

Das Wasser im See ist kühl.

Lösungen zur Selbstkontrolle

❸ Der Schiffsjunge Piet klettert zu Kapitän Holzbein ins Beiboot. Dieser reicht ihm ein Ruder. Nach kurzer Zeit erreichen sie ihr Ziel. Sie ziehen ihr Boot an Land. Die anderen Piraten helfen ihnen. Der Kapitän holt die Schatzkarte hervor. Erwartungsvoll blickt Piet ihn an.

❹ Malte klettert die Leiter hinauf.

Hanna läuft mit Mesi um die Wette.

Die Katze schleicht zum Mauseloch.

Das Pferd springt über die Hindernisse.

Der Vogel hüpft auf dem Ast hin und her.

❺ Individuelle Lösung

Bestell-Nr. 2407-93 • ISBN 978-3-619-24793-6

Im Wörterbuch nachschlagen

1 Wie heißen die Tiere?

2 Schlage die Tiernamen im Wörterbuch nach.
Schreibe sie mit Artikel, Seitenzahl und Spalte auf:
die Katze: Seite ..., Spalte ...

3 Sagt abwechselnd ein Wort. Schlagt das Wort im Wörterbuch nach.
Nennt die Seitenzahl und die Spalte.

4 Schlage die Nomen im Wörterbuch nach.
Schreibe sie mit Seitenzahl und Spalte auf.

5 Was frisst das Pferd? Unterstreiche im Heft die Anfangsbuchstaben bei den Nomen aus Aufgabe 4. Sie ergeben die Lösung.

6 Suche im Wörterbuch weitere Tiernamen.
Schreibe sie mit Seitenzahl und Spalte auf.

Lang oder kurz? – Doppelter Mitlaut

1 In Koffer hören wir nur ein **f**. Warum schreiben wir Koffer mit **ff**?

2 Welche Nomen gehören zu den Bildern?

3 Sprich und klatsche die Nomen. Was fällt dir auf?

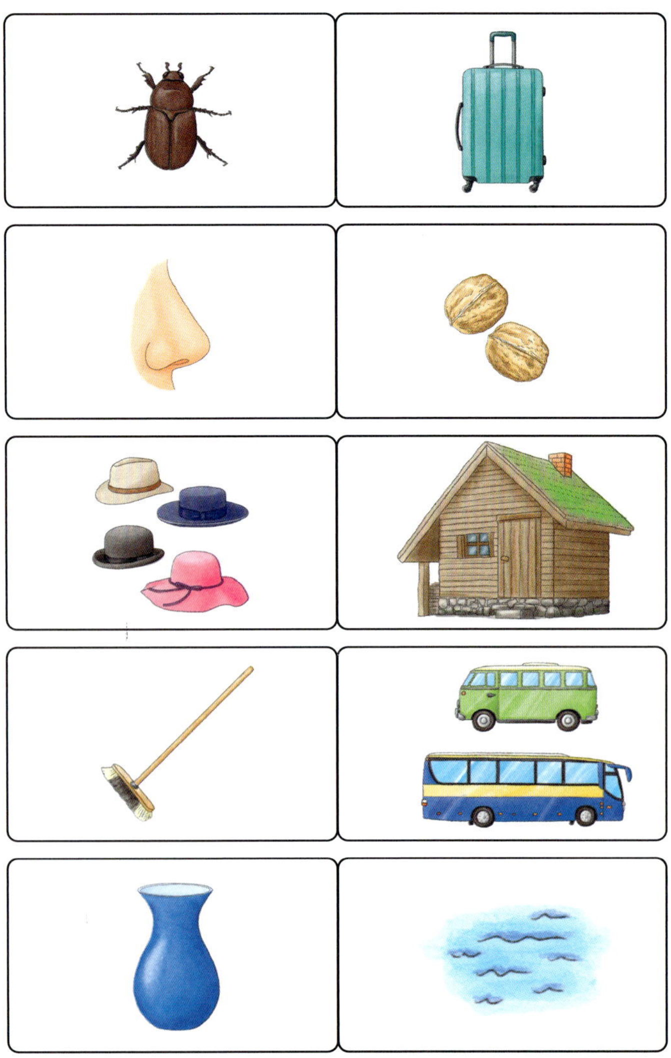

Doppelter Mitlaut

Wird der Selbstlaut (Vokal) in der ersten Silbe kurz gesprochen, folgt ein doppelter Mitlaut (Doppelkonsonant).

Kontrastpaare klatschen: Käfer – Koffer, Züge – Zucker, Hüte – Hütte, Besen – Busse, Vase – Wasser; Wort-Rhythmus (lang – kurz); Kontrastpaare zum Anhören

4 Wie unterscheiden sich Silbenhaus A und Silbenhaus C?

In Käfer höre ich die Trennung gut. Das **ä** wird lang gesprochen. Ich schreibe das Wort in Silbenhaus ...

In Koffer kann ich keine Trennung hören. Das **o** wird kurz gesprochen. Ich schreibe das Wort mit **ff** in Silbenhaus ...

5 Schreibe die Wortpaare in Silbenhaus A und Silbenhaus C.

Käfer – Koffer

Nase – Nüsse

Hüte – Hütte

Besen – Busse

Vase – Wasser

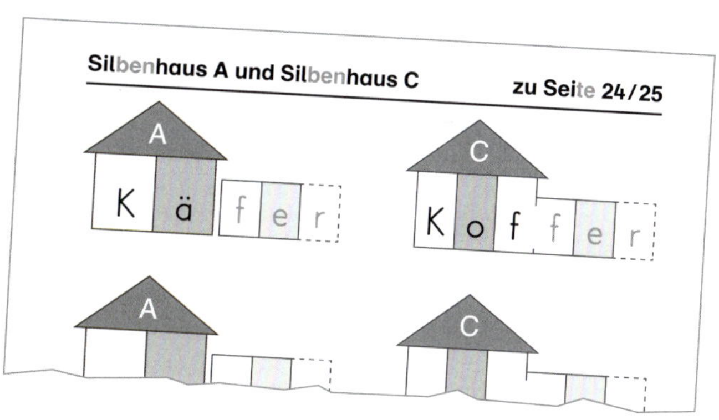

6 Lies die Sätze.
Suche die Wörter mit doppeltem Mitlaut und schreibe sie in Silbenhaus C.

Meine Mutter sagt: Vorsicht mit dem Messer!

Die Kinder kommen in die Klasse. Sie holen ihre Füller heraus.

Die Suppe essen wir mit dem Löffel.

7 Schreibe fünf weitere Wörter für Silbenhaus C in dein Heft.

Verben

1. Hanna und Malte besuchen einen Bauernhof.
   Malte kann die Tiere mit geschlossenen Augen erkennen.
   Wie erkennt Malte die Tiere?

Verben

Wörter, die uns sagen, was jemand tut oder was passiert, nennen wir Verben (Tunwörter). Verben schreiben wir klein.

2. Welche Verben passen zu den Tieren?

   muhen   miauen   bellen   krähen   meckern   gackern

3. Was tun die Tiere?
   Schreibe so: a) Die Kühe muhen.

a) Die Kühe ▬.	b) Die Ziegen ▬.	c) Die Hunde ▬.
d) Die Hähne ▬.	e) Die Hühner ▬.	f) Die Katzen ▬.

Nomen oder Verb?

Affen klettern | Pferde traben | Lamas spucken

Krokodile schnappen | Vögel fliegen | Bären brummen

1 Ich: Welche Wörter sind Nomen? Welche Wörter sind Verben?

Du: Tauscht euch aus.

Wir: Woran erkennt ihr die Nomen?

2 Zeichne eine Tabelle und trage die Wörter in die richtige Spalte ein:

Nomen	Verben
Affen	klettern

3 Lies den Text. Was fällt dir auf?

Tierlexikon: **Tiere von A – Z**

A B C D E F G H I J K **L** M N O P Q R S T U V W X Y Z

Das lama

lamas leben in den bergen.
Sie haben ein dichtes fell.
lamas fressen gräser und blätter.
Wenn sie sich ärgern,
spucken sie.

4 Schreibe den Text richtig auf.

5 Suche Informationen zu einem Tier. Du kannst auch das Internet nutzen.
Beschreibe das Tier.
Unterstreiche in deinem Text die Nomen gelb und die Verben grün.

Lang oder kurz? – Sprechprobe

1 Wie schreibt man den Tiernamen richtig?

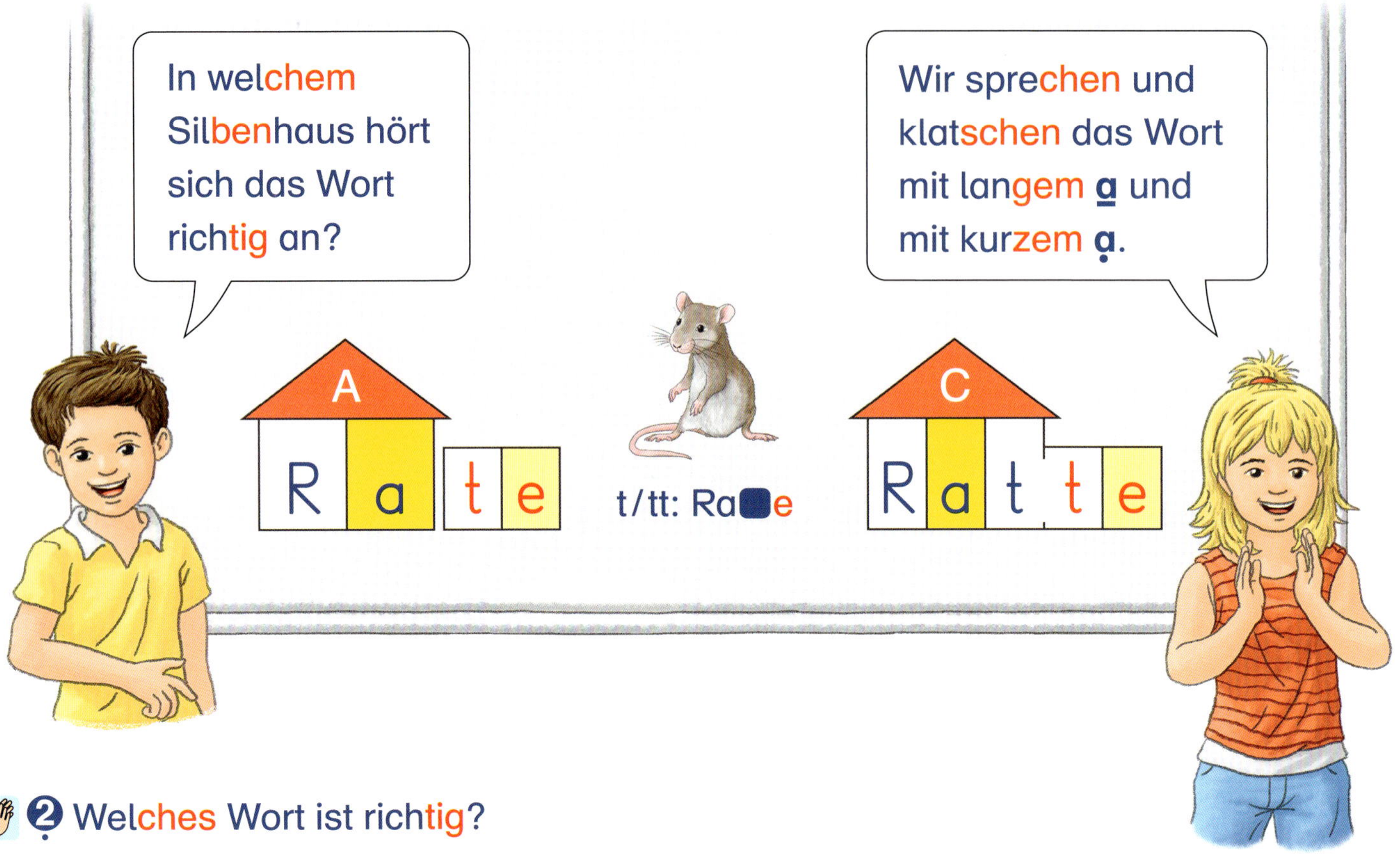

2 Welches Wort ist richtig?
Sprich und klatsche die Nomen auf beide Arten.

A: T a s e

s/ss: Ta■e

C: T a s s e

A: T e l e r

l/ll: Te■er

C: T e l l e r

Silbenhaus A oder C?

Sprich ein Wort auf beide Arten. So kannst du entscheiden, ob das Wort mit einem doppelten Mitlaut (Doppelkonsonanten) geschrieben wird.

3 Sprich und klatsche die Nomen auf beide Arten.

s/ss: Ha■e

b/bb: Ga■el

f/ff: A■e

n/nn: Ka■e

4 Schreibe die Nomen in das richtige Silbenhaus.

5 Sprich und klatsche die Tiernamen auf beide Arten.
Schreibe die Tiernamen mit dem passenden Artikel in dein Heft.

w/ww: Lö■e

f/ff: Bü■el

t/tt: Krö■e

b/bb: Ro■e

6 Schreibe die Sätze richtig auf.

g/gg: Die Mäuse na■en am Käse.

m/mm: Die Fische schwi■en im See.

p/pp: Die Hasen ho■eln auf der Wiese.

t/tt: Die Ziegen kle■ern auf den Baumstamm.

7 Vergleicht eure Ergebnisse. Begründet die Schreibweise.

nagen – naggen

nagen hört sich richtig an.
Das **a** wird lang gesprochen,
deshalb schreibe ich das Wort
in Silbenhaus A mit **g**.

Wortrhythmus zur richtigen Schreibung der Doppelkonsonanten mit paradoxen Kontrastpaaren;
Vorlagen für das Schreiben in Silbenhäuser

Aussagesatz

1 Sätze schreiben wir so. Was fällt dir auf?

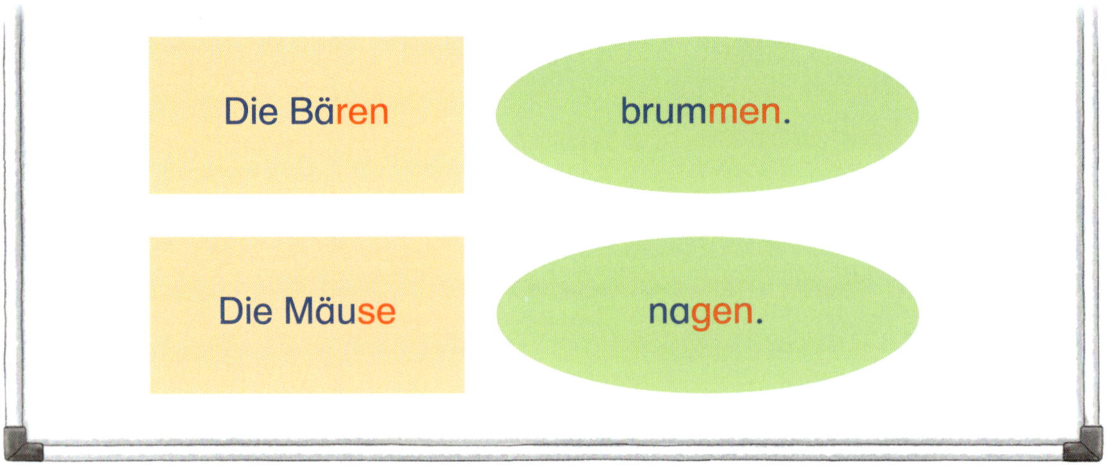

2 Schreibe die Sätze aus Aufgabe 1 ab.

> **Aussagesatz**
> Am Satzanfang schreiben wir groß.
> Am Satzende steht ein Punkt.

3 Was tun die Tiere?
Schreibe so: a) Die Hunde bellen.

a) 
bellen

b) 
miauen

c) 
spielen

d) 
quaken

e) 
hoppeln

f) 
fressen

4 Schreibe fünf weitere Tiersätze auf.

Richtig abschreiben – Würfeldiktat

1 Wie schreibst du einen Text richtig ab?

Abschreibtipp

Lies jeden Satz leise.

Decke den Satz ab.

Schreibe den Satz auswendig mit zwei Farben auf.
Sprich jede Silbe mit.

Vergleiche.

- Die Affen klettern.
- Die Bären brummen.
- Die Hunde bellen.
- Die Jaguare lauern.
- Die Papageien sprechen.
- Die Tiger fauchen.

2 Würfle und schreibe die Sätze ab. Schreibe jeden Satz nur einmal.
Beachte den Abschreibtipp.

Die Bären brummen.

3 Schreibe sechs Sätze auf ein Blatt.
Überprüfe die Rechtschreibung mit dem Wörterbuch.

Die Kinder spielen.

...

4 Tauscht die Blätter.
Würfle und
schreibe die Sätze ab.

Das kann ich schon – 2

Abc (Seite 18 – 23, Lösungsbeilage Seite 2)

1 Ordne die Wörter nach dem Abc und schreibe sie auf.

Haus   Cent   bezahlen   weinen   Sonne   Euro

2 Ordne die Wörter nach dem Abc und schreibe sie auf.
Achte dabei auch auf den zweiten Buchstaben.

Gemüse   Erde   grün   Euro   Buch   Brot

3 Schlage die Wörter im Wörterbuch nach.
Schreibe sie mit der Seitenzahl so auf: *der Pinsel, Seite* ...

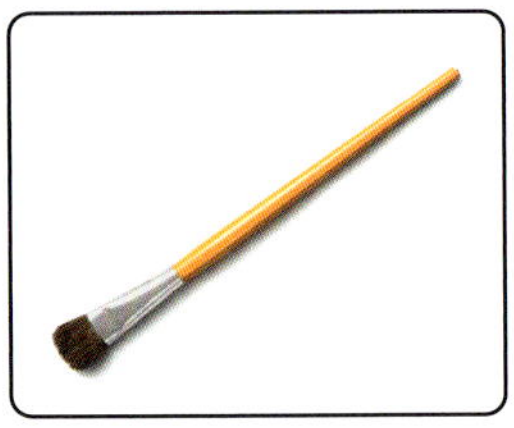

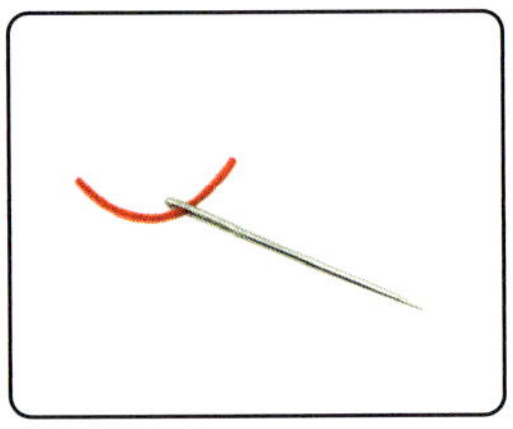

Verben (Seite 26 – 27, Lösungsbeilage Seite 2)

4 Schreibe nur die Verben auf: *singen*, ...

Tisch   singen   malen   Wolf   vorlesen
werfen   Stunde   rechnen   rennen   Eis

Sätze (Seite 30 – 31, Lösungsbeilage Seite 2)

5 Bilde Sätze und schreibe sie auf.

die Vögel   die Kinder   die Autos   funkeln   fliegen   hupen
die Sterne   die Blumen   die Hunde   blühen   spielen   bellen

Lang oder kurz? – Doppelter Mitlaut
(Seite 24 – 25, 28 – 29, Lösungsbeilage Seite 3)

6 l oder ll? Schreibe die Wörter auf und ergänze.
Denke an Silbenhaus A und an Silbenhaus C.

a■e	Fü■er	ro■en	Scha■e	Que■e
Schu■e	spie■en	wo■en	Ke■e	so■en

Großschreibung (Seite 30 – 31, Lösungsbeilage Seite 3)

7 In dem Text sind alle Nomen und die Satzanfänge kleingeschrieben.
Schreibe den Text richtig auf.

auf dem bauernhof
die kinder besuchen einen bauernhof.
dort sehen sie viele tiere.
die kühe grasen auf der weide hinter dem haus.
der hahn steht auf dem misthaufen und kräht laut.
die bäuerin fährt mit dem traktor auf den hof.
sie begrüßt die kinder freundlich.
jedes kind bekommt ein glas milch. das schmeckt lecker!

Lerntagebuch

Was hast du gelernt? Schreibe in dein Lerntagebuch.
Wie gut kannst du die Aufgaben? Male ☺ 😐 ☹.
Was möchtest du noch üben?

Das kann ich schon:

- Ich kann Wörter nach dem Abc ordnen.
- Ich erkenne Verben und schreibe sie klein.
- Ich kann offene und geschlossene Silben unterscheiden.
- Ich schreibe Wörter mit doppeltem Mitlaut richtig.
- Ich kann die Wörter der Wortliste richtig schreiben.

Das möchte ich noch üben:

...

Wortliste

Affe
Bär
brummen
fliegen
fressen
Katze
klettern
Koffer
Mäuse
schwimmen
Tiger
Zucker

Im Wald und auf dem Feld

1 Ich: Woran erkennst du den Herbst?
Schau dir das Bild genau an und schreibe Herbstwörter auf.

Du: Vergleicht eure Wörter.
Gestaltet in der Gruppe ein Plakat mit euren Herbstwörtern.

Wir: Stellt eure Plakate in der Klasse vor.

2 Was machen die Kinder im Herbst? Bilde Sätze.
Schreibe so: Wir sammeln Kastanien.

Wir	sammeln pflücken basteln beobachten wandern	Windräder. Kastanien. die Zugvögel. Äpfel. im Wald.

3 Was macht ihr gerne im Herbst? Schreibt wie in Aufgabe 2.

Verben auf -en: Wortstamm

1 Wie findest du den Wortstamm?

Verben

Verben haben einen Wortstamm und eine Endung.

2 Wie lauten die Endungen der Verben in der Grundform?

feg | find | renn | welk

3 Schreibe die Verben in das passende Silbenhaus.
Schneide aus und knicke.

sagen	bellen	helfen
kommen	heulen	laufen
falten	bremsen	rollen

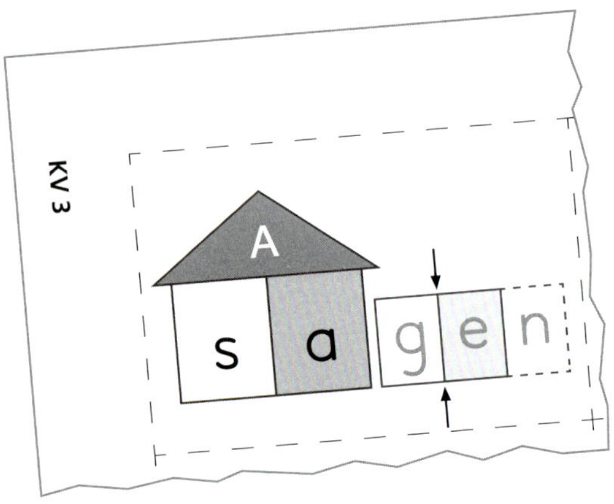

4 Schreibe fünf weitere Verben auf.
Kreise den Wortstamm ein.

 Wortstamm; Vorlagen für das Schreiben in Silbenhäuser

Die er-Form

1 Woran erkennst du die er-Form?

2 Zu jedem Blatt gehört eine Eichel.
Ordne die er-Form der passenden Grundform zu.

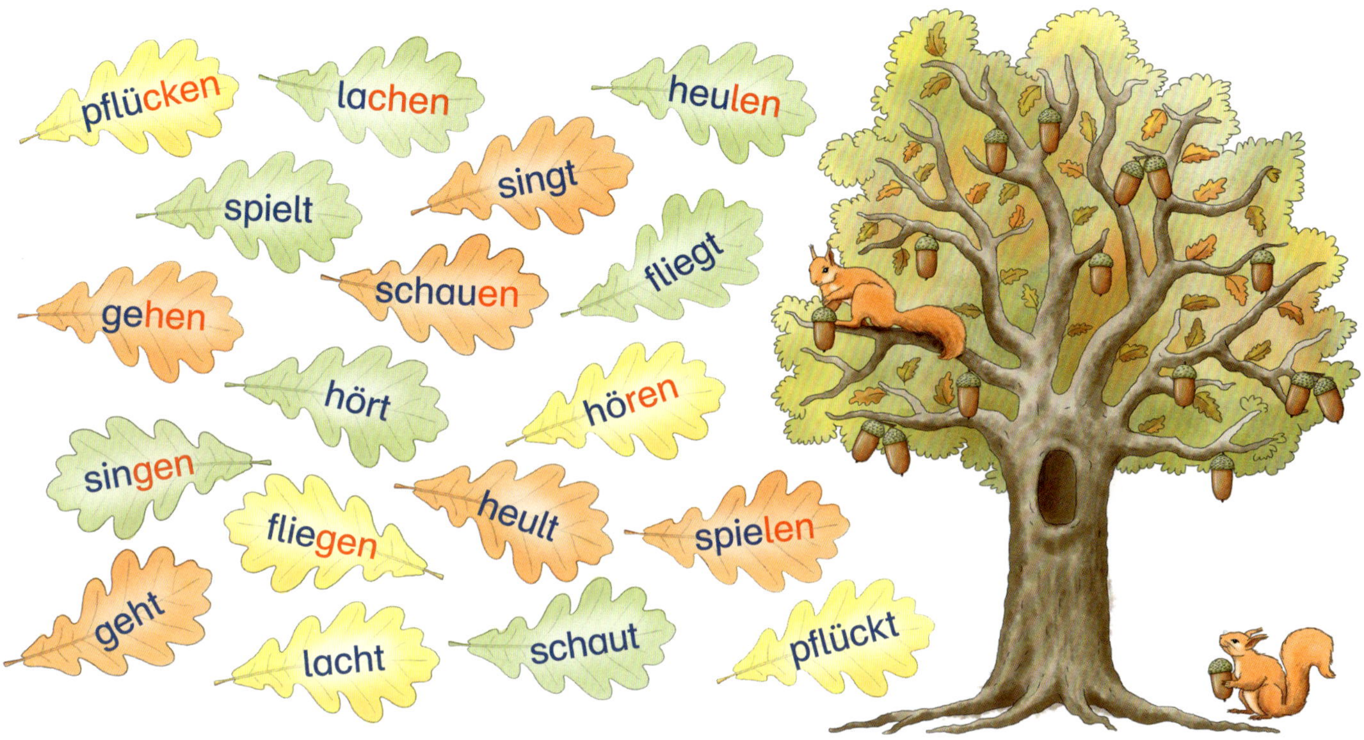

3 Schreibe die Verben in der Grundform
mit der passenden er-Form so auf:

Grundform	er-Form
hören	er hört

Verben
Die er-Form hat
die Endung **t**.
spielen – er spielt

4 Schreibe die Sätze ab und ergänze die Verben in der er-Form.
Schreibe so: Das Eichhörnchen sammelt Nüsse.

Das Eichhörnchen ▬ Nüsse.
Der Wind ▬ durch die Bäume.
Die Wäsche ▬ an der Leine.
Der Drachen ▬ hoch in die Luft.
Der Bauer ▬ seine Felder.

pflügen pfeifen flattern sammeln steigen

Die er-Form mit doppeltem Mitlaut

1 Warum schreiben wir rennt mit **nn**? Begründe.

2 Schreibe die Verben in der Grundform und in der er-Form auf.
Kreise den Wortstamm ein:

Grundform	er-Form
rennen	er rennt

rennen   rollen   hoffen   schwimmen   bellen   kommen

3 Lang oder kurz? Sprich und klatsche die Verben auf beide Arten.
Schreibe die Grundform und die er-Form auf.
Schreibe so: summen – er summt

m/mm: su■en – er su■t

l/ll: ho■en – er ho■t

g/gg: le■en – er le■t

s/ss: kü■en – er kü■t

s/ss: e■en – er i■t

b/bb: le■en – er le■t

l/ll: ste■en – er ste■t

g/gg: sa■en – er sa■t

Verb-Probe und Verbformen

1 Wie entscheidet Malte, ob ein Wort ein Verb ist?

1. Schritt

Sagt das Wort,
- was jemand tut?
- was passiert?

2. Schritt

Kannst du
die er-Form bilden?
er sagt

2 Suche die Verben in der Wörterschlange
und schreibe sie in dein Heft.
Wende die Verb-Probe an.
Schreibe so: *sagen – er sagt*

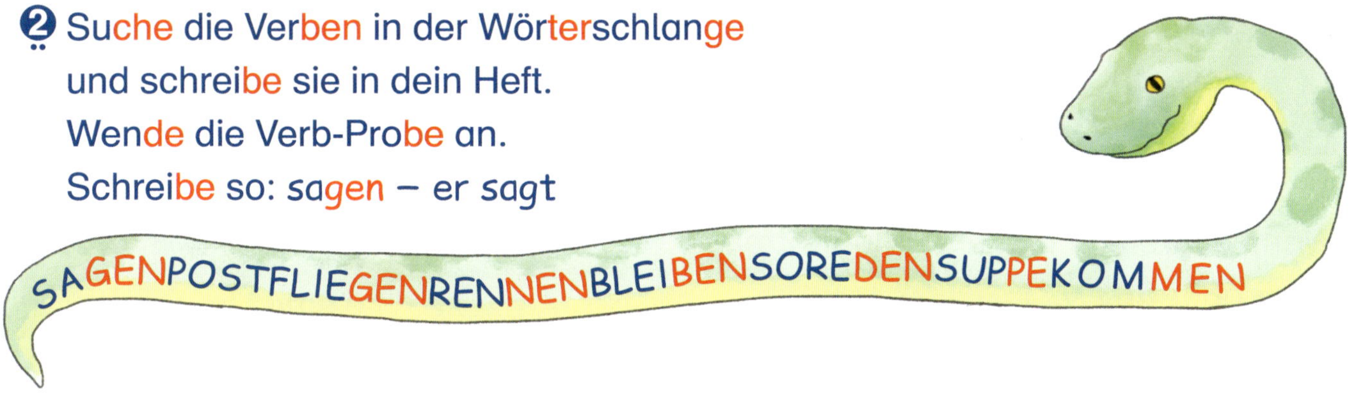

3 Es gibt noch weitere Verbformen. Untersuche die Endungen.

	Wortstamm	Endung
ich	ruf	e
du	ruf	st
er, sie, es	ruf	t

	Wortstamm	Endung
wir	ruf	en
ihr	ruf	t
sie	ruf	en

4 Schreibe die Verbformen aus Aufgabe 3 mit zwei Farben auf.

5 Schreibe alle Verbformen und unterstreiche die Endungen.
Schreibe so: *sagen: ich sage, du sagst, er sagt, sie sagt, es sagt,*
wir sagen, ihr sagt, sie sagen

sagen	kommen	schreiben	holen	rechnen

Umlaute Ä/ä und Äu/äu – Wir leiten ab

1 Wann schreiben Mia und Mio Wörter mit **ä** oder **äu**?

Umlaute

Ä ä, Ö ö, Ü ü sind Umlaute.

a → ä   au → äu

2 Schreibe zu jedem Nomen das passende Nomen in der Einzahl.
Schreibe so: der Mann – die Männer

Männer	Äpfel	Äste	Mäuse	Schläuche	Zäune

3 Suche die Wörter mit **au** und **äu**.
Schreibe so: rauben – Räuber

rauben	kalt	warm
Traum	aufräumen	laufen

Läufer	träumen	Räuber
Wärme	Kälte	Raum

4 Lies den Steckbrief über Feldmäuse.

Feldmäuse

Aussehen:
bräunliches Fell

Lebensraum:
Wälder, offenes Gelände

Ernährung:
Kräuter, Gräser, Getreide

5 Schreibe zu jedem Wort mit **ä** oder **äu** ein verwandtes Wort.
Schreibe so: Feldmäuse – Feldmaus

Umlaute in der er-Form – Wir leiten ab

1 Schreibe die Verben in der Grundform und in der er-Form.
Denke an die Umlaute in der er-Form.
Schreibe so:

Grundform	er-Form
fallen	er fällt

2 Welche Verben aus Aufgabe 1 passen? Schreibe in dein Heft:
a) Mia trägt den Korb.

a) Mia ▬ den Korb.

b) Das Blatt ▬ vom Baum.

c) Der Vater ▬ die Kleider.

d) Das Auto ▬ schnell.

e) Aisu ▬ schnell.

f) Momo ▬ im Bett.

g) Der Wind ▬ stark.

h) Die Katze ▬ eine Maus.

Schleichdiktat

❶ Wie schreibst du ein Schleichdiktat?

Lege den Text an eine Stelle im Zimmer.
Lies den ersten Satz genau.
Merke dir den Satz.

Schleiche zurück an deinen Platz.

Schreibe den Satz auf.
Sprich die Wörter leise mit.
Schreibe so den gesamten Text.

Hole den Text an deinen Platz.
Überprüfe und verbessere.

❷ Schreibe den Text als Schleichdiktat in dein Heft.

1. Herbst
2. Im Herbst weht der Wind.
3. Er bläst die Blätter von den Bäumen.
4. Die Kinder sammeln Eicheln und Kastanien.
5. Mesi und Wali rennen über die Felder.
6. Sie lassen den Drachen steigen.
7. Das ist schön.

Eine Bildergeschichte schreiben

1 Schau dir die Bilder an. Erzähle die Geschichte.

2 Ordne den Bildern die passenden Satzstreifen zu.

Hanna und ihr Drachen

ⓐ Mit einer Leiter holt die Mutter den Drachen herunter.

ⓑ Plötzlich bleibt der Drachen in einem Baum hängen.

ⓒ Es ist Herbst. Auf einer Wiese lässt Hanna ihren Drachen steigen.

3 Schreibe die Geschichte in der richtigen Reihenfolge auf.

4 Wie könnte die Geschichte weitergehen?
Schreibe den Schluss der Geschichte.

Das kann ich schon – 3

Verben (Seite 36 – 39, Lösungsbeilage Seite 3–4)

❶ Suche die Verben und schreibe sie auf: singen, ...

❷ Schreibe den Wortstamm der Verben so auf: bellen – bell

bellen | reisen | sagen | bremsen | reden | wünschen

❸ Schreibe die Sätze ab und ergänze die Verben in der er-Form.

Wali ■ mit seinem Freund Fußball.
Aisu ■ ein Bild für ihre Tante.
Ben ■ über einen Witz.
Mesi ■ gerne Limonade.
Hanna ■ einen Brief an ihre Freundin.
Jakob ■ mit seinem Hund in den Park.

lachen
gehen
trinken
malen
spielen
schreiben

❹ Schreibe die Verben in der Grundform und in der er-Form.
Denke an Silbenhaus A und C. Schreibe so: traben – er trabt

b/bb: tra■en	g/gg: tra■en	t/tt: re■en	m/mm: ko■en
g/gg: sa■en	s/ss: mü■en	g/gg: le■en	l/ll: wo■en

❺ Schreibe den Text ab und ergänze die Verben in der richtigen Form.

Mio (erzählen):
Am Sonntag (schlafen) alle länger. Dann (decken) ich den Tisch.
Mutter (kochen) Kakao, Vater (kaufen) frische Brötchen.
Nun (frühstücken) wir gemütlich zusammen.
Was (machen) ihr am Sonntagmorgen?

Umlaute Ä/ä, Äu/äu (Seite 40 – 41, Lösungsbeilage Seite 4–5)

6 Ä/ä oder E/e? Schreibe die Nomen in der Einzahl und in der Mehrzahl auf: das Gras – die Gräser

Gr■ser	■pfel	Br■tter	L■mmer	■ste
K■mme	M■nner	■nten	G■nse	D■lfine

7 Äu/äu oder Eu/eu? Schreibe die Nomen in der Einzahl und in der Mehrzahl auf: die Maus – die Mäuse

M■se	B■me	■len	Schl■che	R■ber
Sch■nen	B■che	H■ser	B■len	Tr■me

8 ä oder e? Schreibe die Verben in der Grundform und in der er-Form auf: tragen – er trägt

er tr■gt	er l■bt	er h■lt	er f■hrt	er f■gt

Lerntagebuch

Was hast du gelernt? Schreibe in dein Lerntagebuch.
Wie gut kannst du die Aufgaben? Male ☺ 😐 ☹.
Was möchtest du noch üben?

Das kann ich schon:

- Ich erkenne Verben und schreibe sie klein.
- Ich erkenne den Wortstamm.
- Ich kann alle Verbformen bilden.
- Ich kann entscheiden, wann die er-Form mit doppeltem Mitlaut geschrieben wird.
- Ich schreibe Wörter mit Ä/ä und E/e und Äu/äu und Eu/eu richtig.
- Ich kann die Wörter der Wortliste richtig schreiben.

Das möchte ich noch üben:

...

Wortliste

Bäume
Drachen
Feld
Herbst
Kastanie
Mädchen
Nuss
pfeifen
pflücken
rennen
spielen
von
Wiese
Wind

Bei uns und anderswo

❶ Die Kinder feiern ein Schulfest.
Schau dir das Bild an. Erzähle.

❷ Ich: Welche Ideen hast du für ein Schulfest im Advent?
Schreibe Stichwörter.

Du: Tauscht euch aus. Wählt einen Vorschlag aus.

Wir: Stellt eure Vorschläge in der Klasse vor.

❸ Was macht deine Klasse im Advent?

4 Was machen die Kinder? Bilde Sätze.
Schreibe so: Die Kinder singen Lieder.

Die Kinder	singen	Kekse.
	verkaufen	Wunschzettel.
	schreiben	Geld.
	bekommen	Lieder.
	sammeln	Äpfel und Nüsse.

-en, -el, -er in der zweiten Silbe

Malte hat einen Text zu dem Ziegen-Projekt geschrieben.
Seine Lehrerin hat die falsch geschriebenen Wörter unterstrichen.

Auf dem Schulfest sammln die Kinda Geld. Mit dem Geld werden in Ostafrika Ziegn gekauft.
Die Tiere werdn an Familien in Not verschenkt. Sie liefern Milch und Käse und sichern das Überleben der Familie.

Ich denke an die Silbenhäuser.

1 Ich: Schau dir die unterstrichenen Wörter genau an.

Du: Was habt ihr herausgefunden? Vergleicht.
Schreibt die Wörter richtig auf.

Wir: Was hat Malte nicht beachtet?
Sprecht in der Klasse darüber.

-en, -el, -er am Wortende

Das **e** in den Wortbausteinen **-en**, **-el** und **-er** kannst du am Wortende schlecht hören. Mit dem Silbenhaus kannst du die Schreibweise überprüfen.

2 -en, -el oder -er?

Schreibe die Wörter auf und ergänze die Wortbausteine.

Mutt■	Nad■	geh■	Neb■
Nud■	Onk■	Es■	Fed■
les■	Kug■	Fenst■	mal■
hör■	Brud■	Wurz■	Hos■

3 Vergleicht eure Ergebnisse.

nk oder ng – Höre den Unterschied

1 sinken oder singen?
Wann schreibst du **nk**? Wann schreibst du **ng**?

2 Immer zwei Wörter reimen sich. Suche die Wortpaare und schreibe so:
trinken – winken
danken – …

trinken	Schlange
danken	Ring
denken	Junge

winken	tanken
lenken	Zunge
Ding	Stange

3 Schreibe die Sätze ab und ergänze ng oder nk.
Schreibe so: a) Im Schrank liegen die Kleider.

a) Im Schra■ liegen Kleider.

b) Manchmal si■en Schiffe.

c) Die Kinder si■en Lieder.

d) Der Opa liest dem E■el vor.

e) Er verletzt sich am Fi■er.

f) Sie basteln Papiere■el.

4 Besprecht eure Ergebnisse.

Lang oder kurz? k oder ck?

1 Lang oder kurz? Sprich und klatsche die Nomen auf beide Arten.

So■en

We■er

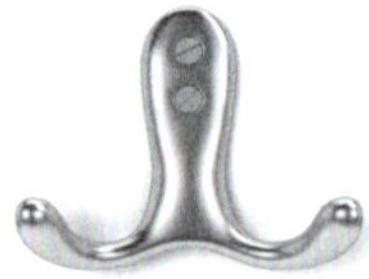

Ha■en

Kü■en

E■e

Flo■en

Bä■er

Sä■e

2 Schreibe die Nomen aus Aufgabe 1 in Silbenhaus A oder in Silbenhaus C.

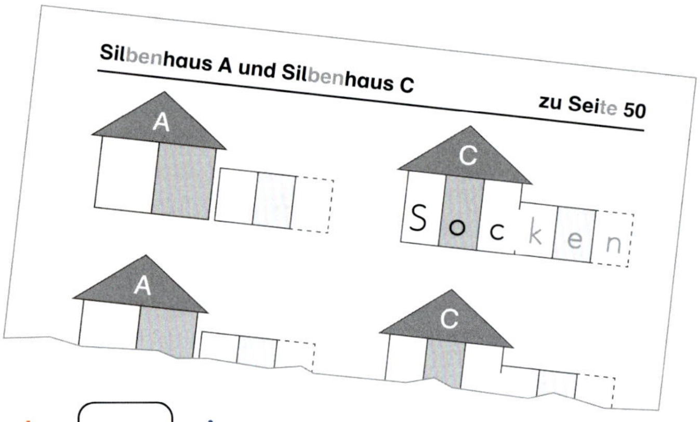

3 Vergleicht eure Ergebnisse. Begründet die Schreibweise.

4 Lang oder kurz? Sprich und klatsche die Verben auf beide Arten. Schreibe die Verben auf und setze k oder ck ein.

we■en	le■en	blö■en	pa■en
hä■eln	ste■en	drü■en	bü■en

5 Schreibe die Sätze ab und setze k oder ck ein. Denke an die Silbenhäuser.

Vater schmü■t den Baum.

Oma stri■t Socken.

Mutter ba■t Plätzchen.

Mio hä■elt Topflappen.

 k oder ck: Schreiben in Silbenhäuser; Vorlagen für das Schreiben in Silbenhäuser

Einen Wunschzettel schreiben

1 Lies Maltes Wunschzettel. Kann man alle Wünsche kaufen?

2 Welche Wünsche kann man nicht kaufen? Schreibe weitere Beispiele.

3 Was wünschst du dir? Schreibe einen Wunschzettel.

4 In Maltes Wunschzettel gibt es vier zusammengesetzte Nomen. Aus welchen Nomen bestehen sie?

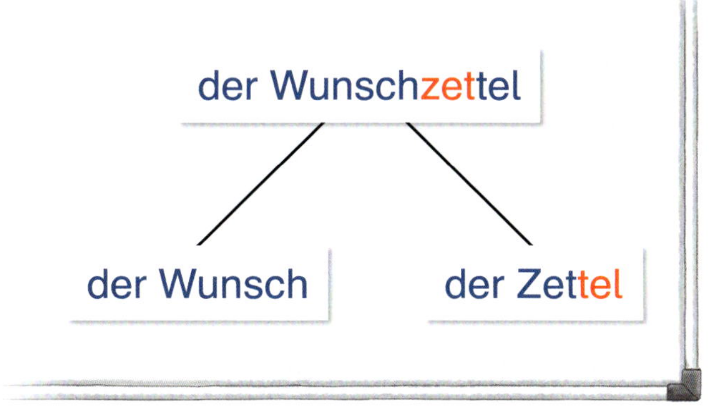

Zusammengesetzte Nomen

Ein zusammengesetztes Nomen besteht aus zwei Nomen. Es besitzt den Artikel des zweiten Nomens.

5 Schreibe die vier zusammengesetzten Nomen aus Maltes Wunschzettel auf. Schreibe so: der Wunschzettel: der Wunsch, der Zettel

6 Unterstreiche in deinem Heft alle Artikel bei Aufgabe 5. Was stellst du fest?

Zusammengesetzte Nomen

die Hand + der Ball → der Handball

So setzen wir Nomen zusammen.

❶ Setze die Nomen zusammen.
Schreibe so: *das Ohr + der Ring: der Ohrring*

Ohr	Auto
Apfel	Eis
Computer	Brief

Spiel	Kasten
Bär	Baum
Ring	Reifen

Advent + s + Kalender → Adventskalender

Lied

Kranz

Gedicht

Zeit

Was müsst ihr bei einigen zusammengesetzten Nomen beachten?

❷ Welche Adventswörter könnt ihr noch bilden? Sprecht sie deutlich.

❸ Schreibe die Adventswörter auf. Unterstreiche das Verbindungs-s:
Schreibe so: *der Advent + der Kalender: der Advent_s_kalender*

❹ Was machst du in der Adventszeit?
Verwende für deinen Text die Adventswörter.

Sachtext: Das Lucia-Fest in Schweden

Sankta Lucia

Ich heiße Astrid und komme aus Schweden. Jedes Jahr am 13. Dezember feiern wir das Lucia-Fest in Erinnerung an die Heilige Lucia.

Ich bin die älteste Tochter in unserer Familie. Darum bringe ich meinen Eltern am Morgen Kaffee, Pfefferkuchen und Safranbrötchen („Lussekatter“) ans Bett. Dabei trage ich ein langes weißes Kleid mit einem roten Gürtel und einen grünen Haarkranz. Am Nachmittag ziehen alle Lucia-Mädchen unseres Ortes in einem Festumzug mit Kerzen durch die Straßen und singen Lucia-Lieder. Ganz vorn geht die Lichterkönigin. Sie trägt einen Kranz mit brennenden Kerzen auf dem Kopf. Jungs begleiten den Zug als Sternenknaben mit spitzen Sternenhüten. Kleine Kinder verkleiden sich als Weihnachtswichtel.

Manchmal besuchen wir auch ein Pflegeheim oder ein Krankenhaus und bringen den Menschen dort Licht und Freude.

1. Lies den Text. Aus welchem Land kommt Astrid?
2. Wie feiert Astrid mit ihrer Familie das Luciafest?
3. Welche Feste feierst du mit deiner Familie? Erzähle.
4. Recherchiert zu den Festen im Internet. Sprecht darüber.

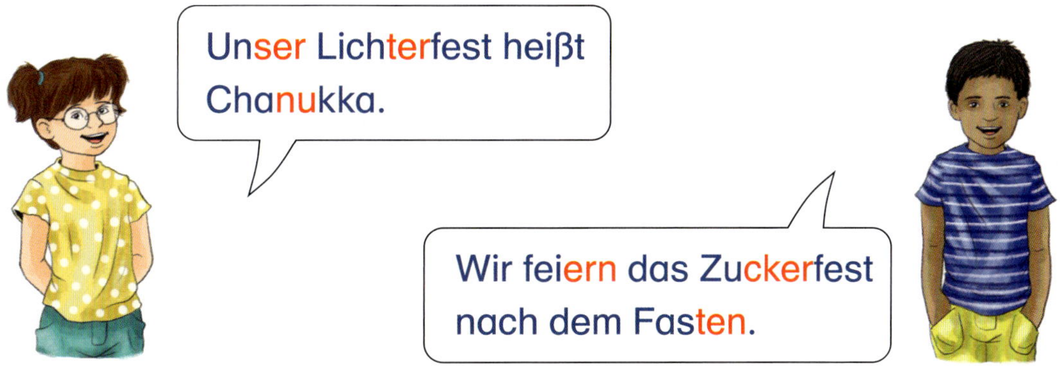

Eine Backanleitung schreiben

1 Aisu und ihre Familie wollen Kekse backen.
Leider ist das Rezept schon ganz verkleckert.
Schreibe die Zutatenliste ab und ergänze die fehlenden Buchstaben.

Schreibe so: <u>Zutaten für Kekse</u>
300 g ...

Kekse

<u>Zutaten:</u>

300 g M

150 g weiche B ter

100 g Zu er

1 Päckchen Vanille

1 Ei

1 Prise Sa

2 Aisu und ihr Vater bereiten den Teig zu. Was müssen sie tun?
Schreibe den Text ab und ergänze die fehlenden Zutaten.

Zuerst siebt man das
in eine Schüssel.
Dann fügt man r, r,
1 Päckchen ,
und 1 Prise dazu.
Danach verknetet man
alle Zutaten miteinander.

3 Wer macht was? Erzähle.

4 Schreibe Sätze auf: *Aisu knetet den Teig.*

knetet Mutter den Teig.	den Teig rollt aus. Adem	pinselt das Blech Vater mit Butter ein.	Elin Plätzchen sticht aus und auf das Blech. legt sie sie	Aisu das Blech in den Backofen. schiebt

5 Stellt das Keksebacken pantomimisch dar.

6 Schreibe die Verben in der Grundform und in der er-Form so auf:

Grundform	er-Form
einpinseln	er pinselt ein

einpinseln schieben ausstechen ausrollen kneten legen	rollt aus knetet legt schiebt sticht aus pinselt ein

7 Was sind deine Lieblingskekse?
Suche das Rezept im Backbuch oder Internet und schreibe es auf ein Blatt.

8 Sammelt die Rezepte in der Klasse und macht ein Buch daraus.

Schreibanlass: Vorgangsbeschreibung; Rollenspiel; Purzelsätze; er-Form; Rezept im Internet suchen

Sprachen vergleichen: Begrüßungen

Die Kinder der Klasse haben ein Hirtenspiel eingeübt.
Sie begrüßen die Zuschauer zu ihrer Aufführung.

1. Vergleicht die Grüße in den verschiedenen Sprachen. Was fällt euch auf?

2. Hört euch die Grüße an. Erkennt ihr die Sprachen?

3. Schreibe die Grüße und das passende Land auf. Male die entsprechende Flagge dazu. Schreibe so:
   a) Herzlich Willkommen! – Deutschland

4. Sagt abwechselnd einen Gruß und nennt die Sprache.

5. Kennt ihr Grüße in weiteren Sprachen?

Sprachen kennenlernen; Grüße in den verschiedenen Sprachen zum Anhören

Szenisch spielen

❶ Lest das Hirtenspiel mit verteilten Rollen.

Kleines Hirtenspiel

Erzähler:	Auf dem Feld sind Hirten bei ihrer Herde. Da sehen sie einen hellen Stern.
1. Hirte:	Schaut, ein ganz heller Stern!
2. Hirte:	Was soll das bedeuten?
Erzähler:	Auf einmal kommt ein Engel zu ihnen.
1. Hirte:	Ein Engel!
2. Hirte:	Ich hab' Angst!
Engel:	Habt keine Angst. Jesus ist geboren. Ihr werdet ihn in einem Stall in einer Krippe finden.
1. Hirte:	Ich schenke ihm ein Lämmchen.
2. Hirte:	Kommt, wir gehen zu dem Stall.

❷ Könnt ihr das Hirtenspiel in eure Mundart „übersetzen"? Vergleicht.

❸ Plant das Hirtenspiel in der Gruppe (mindestens 4 Kinder):
- Verteilt die Rollen.
- Lernt eure Rollen auswendig.
- Wie wollt ihr die Szene darstellen?

❹ Probiert verschiedene Möglichkeiten aus und sprecht darüber.

❺ Führt das Hirtenspiel auf oder nehmt es digital auf.

Szenisches Spiel

Das kann ich schon – 4

Nomen (Seite 51 – 52, Lösungsbeilage Seite 5)

❶ Bilde zusammengesetzte Nomen.
Schreibe so: *das Ohr + der Ring: der Ohrring*

Ohr	Advent	Tisch
Zeitung	Hand	Schule

Decke	Kranz	Haus
Ball	Ring	Bericht

Wortbausteine -en, -er, -el (Seite 48, Lösungsbeilage Seite 5)

❷ Schreibe die Sätze ab und ergänze die Wortbausteine en, er oder el.

Im Wint■ ist es lange dunk■.

Die Kind■ mal■ gerne mit einem Pins■.

Schnitz■ isst man mit Mess■ und Gab■.

ng oder nk? (Seite 49, Lösungsbeilage Seite 5)

❸ Schreibe den Text ab und ergänze ng oder nk.

Sara ist kra■. Sie liegt mit einer Erkältu■ im Bett.
Da kli■elt es an der Haustür.
Aisu möchte Sara besuchen und sche■t ihr ein Buch.
Sara beda■t sich bei ihrer Freundin. Hoffentlich dauert es
nicht mehr la■e, bis sie wieder gesund ist.

Lang oder kurz? – k oder ck? (Seite 50, Lösungsbeilage Seite 5)

❹ Schreibe die Wörter auf und ergänze k oder ck.
Denke an Silbenhaus A und an Silbenhaus C.

le■er Ha■en schme■en tro■en E■e

❺ Schreibe die Sätze ab und ergänze k oder ck.

Opa pflü■t Kirschen. Eva hä■elt eine De■e.

Sätze (Seite 47, 55, Lösungsbeilage Seite 5–6)

6 Ordne die Wörter zu sinnvollen Sätzen. Schreibe auf.

Samira	schneidet aus	an das Fenster
einen Stern	mit einer Schere	sie
auf gelbes Papier	sie	klebt
malt	den Stern	ihn

7 Bilde Sätze und schreibe sie auf. Achte auf die richtige Personalform.

die Jungen	spielen	Karten
Sara	lesen	in ihrem Tagebuch
die Katze	fangen	ein Lied
Hanna	flöten	eine Maus
die Kinder	lernen	einen Wunschzettel
Aisu	schreiben	ein Gedicht

Lerntagebuch

Was hast du gelernt? Schreibe in dein Lerntagebuch.
Wie gut kannst du die Aufgaben? Male 🙂 😐 🙁.
Was möchtest du noch üben?

Das kann ich schon:

- Ich kann zusammengesetzte Nomen bilden.
- Ich schreibe Wörter mit -en, -er und -el am Wortende richtig.
- Ich höre den Unterschied zwischen ng und nk.
- Ich schreibe Wörter mit k und ck richtig.
- Ich kann Sätze richtig bilden.
- Ich kann die Wörter der Wortliste richtig schreiben.

Das möchte ich noch üben:

...

Wortliste

Advent
backen
knacken
Lied
Plätzchen
schenken
schmücken
singen
springen
Stern
trinken
Wecker
Weihnachten

Durch das Jahr

❶ Ich: Woran erkennst du die Jahreszeiten?
Schau dir das Bild an und schreibe Stichwörter auf.

Du: Vergleicht eure Stichwörter in der Gruppe.
Gestaltet mit euren Wörtern ein Plakat zu den Jahreszeiten.

Wir: Stellt eure Plakate in der Klasse vor.

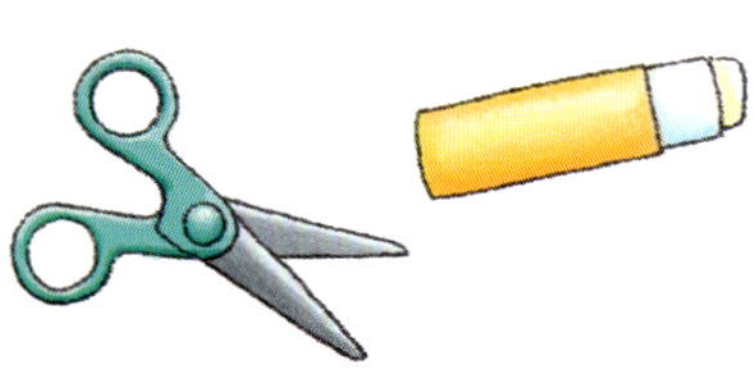

Gesprächsanlass: Jahreslauf, Jahreszeiten, Monatsnamen; Plakatgestaltung

❷ Wie viele Monate hat ein Jahr?
Nenne die Monate.

❸ In welchem Monat beginnen die Jahreszeiten?
Schreibe so: Der Frühling beginnt im März.

❹ Welche Jahreszeit gefällt dir am besten?
Schreibe in dein Heft und begründe.

⑤ Welche Kleider passen zu den Jahreszeiten?
Sucht Bilder im Internet.
Druckt die Bilder aus und klebt sie auf eure Plakate.

Gesprächsanlass: Jahreslauf, Jahreszeiten, Monatsnamen; Plakatgestaltung

Die Monate

1 Da ist etwas durcheinandergeraten!
Ordne die Textstreifen und schreibe sie in der richtigen Reihenfolge auf.

Die Monate im Jahr
Am Anfang …

zuletzt Oktober, November, Dezember.

Es folgt August, danach September,

Auch Juni, Juli sind dabei.

Am Anfang steht der Januar.

Dann kommen März, April und Mai.

Es folgt der kurze Februar.

2 Lies den Text laut. Was fällt dir auf?

3 Lerne das Gedicht auswendig.
Trage es in der Klasse vor.

4 In welchem Monat hast du Geburtstag?

5 Gestaltet in der Klasse einen Geburtstagskalender.
Alle schreiben ihren Namen und ihr Geburtsdatum auf einen Zettel.
Ordnet die Zettel zuerst nach den Monaten, dann nach dem Tag.
Schreibt eure Namen und eure Geburtstage in den Kalender.

Fragesatz

Fragesatz

Mit Fragewörtern können wir gezielt Fragesätze schreiben: **Wer** ..., **Wo** ..., **Wann** ..., **Warum** ..., **Wie** ..., **Was** ...
Am Ende steht ein Fragezeichen **?**

1. Schau dir das Bild an. Erzähle.

2. Auf vier Kärtchen stehen Fragen. Woran erkennst du die Fragen?

Wo hält das Eichhörnchen seine Winterruhe?	Wer überwintert unter einem Laubhaufen?
Das Eichhörnchen überwintert im Kobel.	Was macht die Amsel, wenn sie friert?
Warum füttert der Jäger die Rehe im Winter?	Der Igel hält seinen Winterschlaf unter dem Laubhaufen.
Die Rehe finden wenig Nahrung.	Die Amsel plustert sich auf.

3. Schreibe die Fragen mit der passenden Antwort so auf:
   Wo hält das Eichhörnchen seine Winterruhe? – Das Eichhörnchen ...

4. Überlegt euch weitere Fragen zum Winter. Verwendet Fragewörter.

5. Beantwortet die Fragen in der Klasse. Das Internet hilft euch dabei.

Sachtext: Tiere im Winter

Tierlexikon: **Tiere im Winter**

Im Winter finden frei lebende Tiere wenig Nahrung. Sie verbringen diese schwierige Zeit auf verschiedene Weise.

Igel

Der Igel hält einen Winterschlaf, den er unter Laub, Steinhaufen oder Holzstapeln verbringt. Er schläft bis zu vier Monate ohne aufzuwachen. Im Herbst frisst sich der Igel eine dicke Fettschicht an, die den Körper mit Energie versorgt und ihn vor Kälte schützt.

Eichhörnchen

Das Eichhörnchen hält eine Winterruhe. Es schläft oft mehrere Tage lang in seinem Kobel hoch oben auf einem Baum. Dann verlässt es sein Nest und sucht Samen, Beeren und Nüsse, die es im Herbst versteckt hat.

1 Ich: Lies den Text. Wie verbringen die Tiere den Winter?

Du: Wählt ein Tier aus. Schreibt Fragen zum Text. Mit den Fragewörtern könnt ihr gezielt fragen.

Warum … | Wie … | Wo … | Wer … | Was … | Wann …

Wir: Führt mit euren Fragen ein Quiz in der Klasse durch.

2 Wie verbringen andere frei lebende Tiere den Winter? Informiere dich in Sachbüchern oder im Internet. Schreibe zu einem Tier einen Text und male ein Bild dazu.

3 Stellt eure Texte vor und hängt sie in der Klasse auf.

Ein Wintergedicht schreiben

W eiße Flocken fallen.

I m Kamin knistert das Holz.

N achts wird es eisig kalt.

T ee wärmt uns auf.

E iszapfen hängen vom Dach.

R asende Fahrt auf dem Schlitten.

1. Lies die Anfangsbuchstaben der Zeilen senkrecht.
   Wie lautet das Wort?

2. Lies nun das ganze Gedicht. Was ist das Thema?

> **Akrostichon**
>
> Ein Akrostichon ist ein Gedicht.
> Die Buchstaben am Zeilenanfang
> werden senkrecht gelesen und ergeben das Thema.

3. Gestalte ein Schmuckblatt:
   Wähle ein Thema aus.
   Schreibe ein Akrostichon
   und male dazu.

So kannst du ein Akrostichon schreiben:
- Schreibe ein Wort in Großbuchstaben senkrecht untereinander.
- Schreibe zu jedem Buchstaben ein Wort oder einen Satz.

4. Stellt die Gedichte vor und hängt sie in der Klasse auf.

b – p, d – t, g – k: Wir verlängern

1 Wie entscheiden Mia und Mio, auf welchen Buchstaben einsilbige Wörter enden?

2 Nomen: **b** statt **p**, **d** statt **t**, **g** statt **k**.
Schreibe zuerst die Mehrzahl, dann die Einzahl.
Schreibe so: die Züge → der Zug

Zu■	Hun■	We■	Freun■
Die■	Zwer■	Kor■	Bil■
Kin■	Sie■	Pfer■	Ta■

3 Verben: **b** statt **p**, **g** statt **k**.
Schreibe zuerst die Grundform, dann die er-Form.
Schreibe so: fliegen → er fliegt

er flie■t	er sa■t	er ü■t	er wie■t
er blei■t	er gi■t	er zei■t	er schrei■t

4 Kennst du weitere Nomen oder Verben, bei denen du so vorgehen kannst? Schreibe sie in der zweisilbigen und in der einsilbigen Form auf.

Wochentage

❶ Du kennst sicher die Geschichten vom Sams.
Dann weißt du auch, was geschehen muss, damit das Sams kommt.
Schreibe die Sätze ab und ergänze die passenden Wochentage:

Am Sonntag muss …

Am ▬ muss die Sonne scheinen.

Am ▬ muss Herr Mon zu Besuch kommen.

Am ▬ muss Herr Taschenbier Dienst haben.

Am ▬ muss Mitte der Woche sein.

Am ▬ muss es donnern.

Am ▬ muss Herr Taschenbier frei haben.

Wenn das alles passiert ist, kommt am ▬ das  .

❷ Zeichne die Tabelle ab und ergänze die richtigen Wochentage:

gestern	heute	morgen
▬	Montag	▬
▬	Donnerstag	▬
Samstag	▬	▬
▬	▬	Freitag

❸ Vergleicht eure Ergebnisse.

Eine Wochenendgeschichte schreiben

1 Was hat Moritz am Wochenende gemacht? Erzähle.

2 Schreibe die Sätze in der richtigen Reihenfolge auf.
Denke an die Überschrift.

Mein Wochenende

Am Samstag sind wir mit Oma in den Zoo gegangen.

Am Sonntag habe ich mit Papa Karten gespielt.

Am Freitag habe ich mit Papa eingekauft.

3 Was hast du am Wochenende gemacht? Schreibe auf.
Bringe Fotos mit oder male dazu.

4 Stelle deine Wochenendgeschichte in der Klasse vor.

5 Habt ihr alles Wichtige berichtet? Überprüft gemeinsam.

6 Ergänze die fehlenden Angaben in deiner Wochenendgeschichte.

Wo seid ihr hingefahren?

Was hast du am Samstag gemacht?

Wie seid ihr dahin gekommen?

Wer war dabei?

Dosendiktat

1 Wie schreibst du ein Dosendiktat?

Schreibe den Text auf ein Blatt.
Schneide den Text in Streifen.

Lies den ersten Streifen.
Merke dir die Wörter.

Stecke den Streifen
in die Dose.

Schreibe den Satz.
Schreibe so alle Sätze.

Hole die Streifen aus der Dose.
Überprüfe und verbessere.

2 Schreibe den Text als Dosendiktat.

1. Das Jahr
2. Das Jahr hat vier Jahreszeiten.
3. Der Frühling beginnt im März.
4. Der Sommer fängt im Juni an.
5. September, Oktober und November gehören zum Herbst.
6. Weihnachten ist im Winter.
7. Eine Woche hat sieben Tage.
8. Sonntag ist der letzte Tag der Woche.

Eine Bildergeschichte schreiben

1 Schau dir die Bilder an. Erzähle.

2 Ich: Was könnte auf dem ersten Bild zu sehen sein?
Male dazu auf ein Blatt.

Du: Zeigt euch gegenseitig eure Bilder. Erzählt dazu.

Wir: Stellt eure Bilder in der Klasse vor. Passen sie zu der Geschichte?

Passen das Wetter und die Tageszeit?

Tragen die Kinder die richtige Kleidung?

Passt das Bild zu der Geschichte?

Wo befinden sich die Kinder?

3 Überarbeite dein Bild.

Einleitung

Der Anfang einer Geschichte ist die Einleitung.
Sie gibt Auskunft über diese Fragen:

Wann spielt die Geschichte?
Wo spielt die Geschichte?
Wer kommt in der Geschichte vor?
Was geschieht?

4 In welchem Text sind alle Fragen berücksichtigt? Begründe.

(a) Sina rast mit dem Schlitten den Berg hinunter.

(b) Es hat geschneit. Jakob will einen Schneemann bauen.

(c) Es ist ein schöner Wintertag. Timo will hinter dem Haus Schlitten fahren.

5 Schreibe den Anfang der Schlittengeschichte. Nimm dein Bild zu Hilfe.

6 Hast du alle Fragen berücksichtigt? Überprüft.

7 Schreibe die Geschichte weiter. Vergiss die Überschrift nicht.

8 Habt ihr alles Wichtige geschrieben?
Lest eure Geschichten vor und überprüft gemeinsam.

9 Ergänze die fehlenden Angaben in deiner Geschichte.

Das kann ich schon – 5

b – p, d – t, g – k? (Seite 66, Lösungsbeilage Seite 6)

❶ Schreibe die zweisilbige und die einsilbige Form so auf:
die Zwerge – der Zwerg

Zwer■	Kor■	Han■	Die■
Zwei■	Gel■	Ran■	Lan■

❷ Schreibe die Sätze ab und ergänze die fehlenden Buchstaben.
Denke an die zweisilbige Form.

Der Hun■ bellt laut.

Der Autofahrer hu■t vor dem Haus.

Das Kin■ fra■t die Lehrerin.

Das Pfer■ tra■t über die Wiese.

Fragesätze (Seite 63 – 64, Lösungsbeilage Seite 6)

❸ Schreibe das Gespräch in der richtigen Reihenfolge auf.
Ergänze einen Punkt oder ein Fragezeichen.

Wo warst du in den Ferien■

Wer hat dir geholfen■

Ich war bei meinen Großeltern■

Was hast du dort gemacht■

Opa hat mir dabei geholfen■

Ich habe Pfeile und einen Bogen gebaut■

❹ Lies den Text und schreibe drei Fragen dazu auf.
Die Fragewörter helfen dir: wo warum wer wie wann was

Teichfrösche suchen sich im Herbst einen feuchten und geschützten Platz in der Nähe eines Gewässers.
Sie verstecken sich unter Steinen oder Wurzeln und fallen dort in eine Winterstarre. Ihr Herz schlägt sehr langsam und man kann die Atmung fast nicht mehr spüren.
So können sie kalte Winter gut überstehen.

Eine Geschichte schreiben (Seite 68, 70–71, Lösungsbeilage Seite 7)

❺ Schau dir die Bilder genau an.
Was könnte auf dem ersten Bild zu sehen sein? Überlege:

- Wann spielt die Geschichte?
- Wo spielt die Geschichte?
- Wer kommt in der Geschichte vor?
- Was geschieht?

❻ Schreibe die Geschichte mit einer Überschrift auf.

Lerntagebuch

Was hast du gelernt? Schreibe in dein Lerntagebuch.
Wie gut kannst du die Aufgaben? Male ☺ 😐 ☹.
Was möchtest du noch üben?

Das kann ich schon:

- Ich schreibe einsilbige Wörter mit b – p, d – t, g – k am Wortende richtig.
- Ich kann Fragen bilden und richtig aufschreiben.
- Ich gebe am Anfang einer Geschichte Auskunft auf die Fragen:
  Wann ...?, Wo ...?, Wer ...?, Was ...?
- Ich kann die Wörter der Wortliste richtig schreiben.

Das möchte ich noch üben:

...

Wortliste

Dienstag
er fragt
er gibt
er sagt
Freund
Frühling
Geburtstag
Berg
Hand
Jahr
Kleid
Monat
Korb
Tag

Wir – Du – Ich: Kennst du mich?

1 Menschen sind unterschiedlich.
Schau dir das Bild an. Erzähle.

2 Wie können Menschen sein? Schreibe die passenden Wörter auf.
Schreibe so: *So können Menschen sein: alt, …*

alt	neblig	jung	groß	klein	tief
traurig	fröhlich	arm	wütend	salzig	verliebt

3 Wie können Menschen noch sein? Schreibe weitere Wörter auf.

4 Im Hort spielen die Kinder ein Spiel.
Wie beschreiben sie Mia?

5 Wie sieht Mia wirklich aus?
Schreibe so: Ihre Haare sind lang.

6 Spielt das Ratespiel in der Klasse.

7 Beschreibe Dinge
aus deinem Klassenzimmer.
Schreibe wie bei Aufgabe 5.

Adjektive

Adjektive beschreiben
Nomen genauer
(Wiewörter).
Wie ist jemand?
Wie ist etwas?
Adjektive schreiben
wir klein.
Die Hose ist braun.

Adjektive

1 Wie beschreibt sich Mia?

Ich heiße Mia Hummel.

Meine Haare sind lang und blond.

Meine Augen sind braun.

Mein Pulli ist rot und warm.

Meine Hose ist lang und blau.

Meine Schuhe sind rot.

2 Wie siehst du aus? Gestalte ein „Das bin ich“-Blatt.
Beschreibe dich selbst und male ein Bild von dir dazu.

3 Erstellt in der Klasse ein Buch mit euren Beschreibungen.

4 Mia stellt ihre Freundinnen und Freunde vor.
Welche Adjektive beschreiben die Kinder am besten?
Schreibe so: *Wali kann gut turnen. Er ist sportlich.*

① 

Wali kann gut turnen.

② 

Lili lernt viel.

③ 

Malte bastelt gerne.

④ 

Mesi hilft ihrem Papa.

⑤ 

Momo macht Späße.

⑥ 

Samira hat keine Angst.

lustig	mutig	sportlich	fleißig	hilfsbereit	geschickt

5 Was machst du gerne? Schreibe über dich mit passenden Adjektiven.

Adjektive – Gefühle

1 Wir fühlen uns nicht immer gleich.
Schau dir die Bilder genau an. Wie könnte sich Adem fühlen?
Woran erkennst du das?

2 Welche Adjektive passen zu den Bildern? Ordne zu:
Schreibe so: 1) *Adem ist einsam.*
2) *Er ist ...*

glücklich	beleidigt	wütend	ängstlich
einsam	neidisch	traurig	stolz

3 Stelle ein Gefühl pantomimisch dar.
Achte auf deinen Gesichtsausdruck und auf deine Körperhaltung.

4 Welche Gefühle sind für dich gut? Welche sind nicht gut?
Schreibe die Gefühle in eine Tabelle in dein Heft:

verliebt	*hungrig*

verliebt	hungrig	zornig	fröhlich	eifersüchtig
enttäuscht	gesund	erleichtert	unglücklich	aufgeregt

Aussagesatz – Streit

❶ Schau dir das Bild an. Was passiert?

❷ Warum kommt es zum Streit zwischen Mia und Wali? Ordne zu.
Schreibe so: Mia nimmt keine Rücksicht.
Wali ...

nimmt keine Rücksicht	macht anderen Vorwürfe
hält sich nicht an Regeln	lässt andere nicht ausreden

❸ Wie fühlen sich Wali und Mia nach dem Streit? Ordne die Adjektive zu.
Schreibe so:

Mia	Wali
traurig	wütend

traurig	wütend	bedrückt	zornig
ärgerlich	unglücklich	entrüstet	schuldig

❹ Streit ist normal. Wichtig ist, dass man den Streit klärt und sich dann wieder gut versteht.
Worauf könnten sich Mia und Wali einigen? Macht Vorschläge.

❺ Besprecht eure Vorschläge in der Klasse.

⑥ Wie verhältst du dich bei einem Problem? Schreibe auf.

Gesprächsanlass: Konflikt; Konfliktlösung; Aussagesatz; Wortart: Adjektiv

Höflich miteinander sprechen

1 Schau dir Bild A, B, C und D an. Wie sprechen die Personen miteinander? Erzähle zu jeder Situation.

2 Es ist wichtig, höflich miteinander zu sprechen.
Wie machst du das?
Die Bilder unten können dir helfen.

3 Spielt verschiedene Szenen in der Klasse vor.

Aussagesatz – Bei uns zu Hause

1 In Sinas Familie gibt es viel zu tun.
Welche Aufgaben erledigen die einzelnen Familienmitglieder?

2 Bilde Sätze.
Schreibe so: *Sina wischt Staub.*

	Sina	kaufen	den Teppich
	Karim	bügeln	eine Suppe
	Amal	wischen	Staub
	Mutter	kochen	die Wäsche
	Vater	saugen	Brot

3 Wie könnten die Aufgaben noch verteilt werden?

4 Welche Vorteile hat es, wenn sich alle die Arbeit teilen? Schreibe auf.

r nach Selbstlaut

❶ Vater, Sina und Karim bereiten gemeinsam das Essen zu. Erzähle.

❷ Ein **r** nach einem Selbstlaut (Vokal) kann man schlecht hören.
Sprich die Wörter deutlich und gebärde das **r**.

scharf	gern	Kartoffeln	Gurke
Birne	Kerne	Würstchen	für

❸ Schreibe den Text ab und ergänze die fehlenden Wörter.
Unterstreiche **r** nach einem Selbstlaut.

Vater schält ▬ und kocht eine Suppe mit ▬.

Sina schält eine ▬ mit einem ▬ Schäler.

Karim schneidet eine ▬ und entfernt die ▬.

Dazu gibt es ▬ jeden eine Kugel Eis. Das essen alle ▬.

❹ Diktiert euch die Wörter. Unterstreicht **r** nach einem Selbstlaut.

Garten Partner Wort lernen arbeiten turnen schwarz

Wörter mit ß

1 Suche die Reimwörter.
Schreibe so: Fuß – Gruß

Fuß	weiß
reißen	gießen

fließen	Gruß
heiß	heißen

2 Welches gegensätzliche Adjektiv mit **ß** passt?
Schreibe die Sätze ab und ergänze die fehlenden Adjektive.

heiß fleißig süß groß weiß

Heute ist es nicht kalt, sondern ▬.

Die Erdbeere ist nicht sauer, sondern ▬.

Der Garten ist nicht klein, sondern ▬.

Lili ist nicht faul, sondern ▬.

Der Ball ist nicht schwarz, sondern ▬.

3 Schreibe die Wörter aus der Wörterschlange in eine Tabelle in dein Heft:

Nomen	Verben	Adjektive
Spaß	beißen	weiß

Partnerdiktat

1 Wie schreibt ihr ein Partnerdiktat?

Lies deinem Partnerkind zuerst den ganzen Satz vor. Diktiere bis zum Schrägstrich / und mache eine Pause.

Nun diktiert dir dein Partnerkind die Sätze. Sprich die Wörter leise in Silben mit.

Tauscht die Hefte. Überprüft und unterstreicht die Fehler.

Tauscht eure Hefte wieder. Verbessert.

2 Lest den Diktattext. Wer diktiert zuerst? Schreibt den Text als Partnerdiktat.

Meine Familie

Ich wohne / mit meiner Mutter /

und meinem Bruder /

in einem großen Haus.

Bei uns / gibt es / viel zu tun.

Mutter kocht / und bügelt.

Mein Bruder saugt.

Ich wische Staub / und räume / mein Zimmer auf.

So sind wir / schnell fertig.

Das kann ich schon – 6

Adjektive (Seite 74–78, Lösungsbeilage Seite 7)

❶ Schreibe die Sätze ab und ergänze die passenden Adjektive.

schwarz klein süß laut groß rot

Der Apfel ist ___.

Das Bonbon ist ___.

Der Zwerg ist ___.

Das Haus ist ___.

Die Musik ist ___.

Der Hund ist ___.

❷ Welche Adjektive drücken Gefühle aus? Schreibe sie auf:
wütend, …

wütend	hungrig	rot	enttäuscht
eckig	fröhlich	zornig	rund
unglücklich	grün	aufgeregt	lila

Wörter mit ß (Seite 82, Lösungsbeilage Seite 7)

❸ Schreibe die Sätze ab und ergänze das passende Wort mit ß.

fleißig süß heiß gießen Spaß groß Fuß

Mein Hund ist sehr ___ und schwer.

Max stößt sich den ___ an einem Stein an.

Die Kinder üben ___.

Schokolade schmeckt ___.

Die Suppe ist ___.

Rätsel machen allen Kindern ___.

Ich muss noch die Blumen ___.

Verben (Seite 80, Lösungsbeilage Seite 7)

❹ Schreibe den Text ab und ergänze die Verben in der richtigen Form.

Ich (haben) einen älteren Bruder. Er (heißen) Jan.
Am Samstag (helfen) wir unseren Eltern im Haushalt.
Jan (wischen) den Boden. Ich (saugen) die Zimmer und (putzen) das Waschbecken.
Was (machen) du zu Hause?
Wenn alle mit (anfassen), (können) ihr eher etwas gemeinsam unternehmen.

Lang oder kurz? – Doppelter Mitlaut
(Seite 24 – 25, Lösungsbeilage Seite 7)

❺ Schreibe die Wörter auf und ergänze. Denke an Silbenhaus A und C.

t/tt: Va■er	d/dd: Bru■er	m/mm: Zi■er	l/ll: schne■er
p/pp: Pu■e	l/ll: Te■er	t/tt: Ke■e	p/pp: Su■e

Wortliste

Bruder
fleißig
Fußball
groß
Gruß
Gurke
heiß
Mutter
Spaß
traurig
Vater
weiß
Zimmer

Lerntagebuch

Was hast du gelernt? Schreibe in dein Lerntagebuch.
Wie gut kannst du die Aufgaben? Male ☺ 😐 ☹.
Was möchtest du noch üben?

Das kann ich schon:

- Ich kann Nomen mit Adjektiven genauer beschreiben.
- Ich kann Wörter mit ß richtig schreiben.
- Ich kann alle Verbformen bilden.
- Ich schreibe Wörter mit doppeltem Mitlaut richtig.
- Ich kann die Wörter der Wortliste richtig schreiben.

Das möchte ich noch üben:

...

Märchenhafte Welten

1. Die Märchenerzählerin ist zu Besuch und liest den Kindern vor. Wie heißen die Märchen? Erzähle.

2. Welcher Märchenspruch passt? Ordne zu.

Sterntaler • Hänsel und Gretel • Frau Holle • Schneewittchen • Aschenputtel • Rotkäppchen • Ali Baba

3. Schreibe vier Märchentitel mit dem passenden Märchenspruch so auf:
Sterntaler: Ach, gib mir etwas zu essen, ich bin so hungrig!

4 Märchenfiguren haben oft gegensätzliche Eigenschaften.
Schreibe die gegensätzlichen Adjektive so auf:
gut – böse, arm – ...

gut	arm	ungerecht
fleißig	schön	hinterlistig
groß	dick	schwach

hässlich	stark	böse
ehrlich	dünn	reich
gerecht	klein	faul

5 Beschreibe fünf Märchenfiguren aus dem Bild mit diesen Eigenschaften.

Adjektive

❶ Welche Tochter belohnt Frau Holle? Lies die Sätze in der Treppe.

Frau Holle belohnt die Tochter.

Frau Holle belohnt die fleißige Tochter.

Frau Holle belohnt die fleißige, freundliche Tochter.

❷ Schreibe die Sätze aus der Treppe ab.

❸ Welcher Satz aus der Treppe beschreibt Goldmarie am genauesten?

Adjektive

Adjektive beschreiben Nomen genauer.
Sie können zwischen Artikel und Nomen stehen.
die fleißige Tochter

❹ Welche Tochter bestraft Frau Holle?
Schreibe eine Satztreppe wie bei Aufgabe 1 und setze die Adjektive ein.

Frau Holle bestraft die Tochter.

Frau Holle bestraft die ▬ Tochter.

Frau Holle bestraft die ▬, ▬ Tochter.

faul
faul
unfreundlich

Adjektiv-Probe

❶ Wie entscheidet Mia, ob ein Wort ein Adjektiv ist?

1. Schritt
Beantwortet das Wort die Frage:
- Wie ist jemand?
- Wie ist etwas?

2. Schritt
Kann ich das Wort zwischen Artikel und Nomen setzen?
- das kleine Kind
- der tiefe Brunnen

3. Schritt
Gibt es ein gegensätzliches Wort?
klein – groß
tief – flach

❷ Wende die Adjektiv-Probe an und schreibe die Adjektive so auf:
Das Auto ist neu.
das neue Auto
neu – alt

❸ Suche die Adjektive.
Wende die Adjektiv-Probe an und schreibe wie bei Aufgabe 2.

SCHÖN	WOLKE	PONY	NASS	BÖSE
AMEISE	JACKE	KLEIN	NASE	DUNKEL

❹ Sagt abwechselnd ein Wort. Wendet die Adjektiv-Probe an.

Satztreppen

1 Wohin rückt das letzte Wort in der Treppe?

Goldmarie

sitzt

am Brunnen,

am tiefen Brunnen,

am tiefen, runden Brunnen.

Brunnen ist das Treppenwort. Das Treppenwort schreibe ich groß.

2 Schreibe den Satz wie bei Aufgabe 1 als Treppe in dein Heft. Erweitere den Satz mit Adjektiven in der passenden Form. Unterstreiche das Treppenwort.

Goldmarie geht über die Wiese. | groß | groß | grün

Goldmarie

geht

über die Wiese,

...

...

3 Schreibe die Sätze als Treppe auf und erweitere wie bei Aufgabe 2. Unterstreiche das Treppenwort.

Frau Holle schüttelt das Kissen. — Wie ist das Kissen?

Goldmarie steht unter dem Tor. — Wie ist das Tor?

Pechmarie sitzt am Brunnen. — Wie ist der Brunnen?

Großschreibung und Satzschlusszeichen

1 So schrieb der Mönch Benedikt vor vielen Hundert Jahren.
Was fällt dir auf?

2 Suche die sechs Nomen im Text.
Schreibe sie in der Einzahl und in der Mehrzahl mit Artikel auf.
Schreibe so: die Tochter – die Töchter

3 Schreibe den Text so auf, wie er heute richtig ist.
Setze Punkte an den Stellen, wo du beim Lesen eine Pause machst.
Schreibe die Satzanfänge und die Nomen groß:
Die faule Tochter springt ...

4 Vergleicht eure Texte.

5 Höre dir die Zusammenfassung des Märchens „Frau Holle“ an.

6 Spielt das Märchen nach.
Plant zuerst in der Gruppe:
- Welche Rollen gibt es? Verteilt die Rollen.
- Wie wollt ihr das Märchen darstellen?

7 Nehmt das Märchen als Hörspiel auf.

Nachsilbe -chen

1 Im Märchen Schneewittchen kommen die sieben Zwerge nach Hause.
Lies die Fragen der Zwerge. Was fällt dir auf?

Nachsilbe -chen
An Nomen können wir
die Nachsilbe **-chen** anhängen.

2 Wie heißen die Dinge bei den Zwergen?
Schreibe so: der Stuhl – das Stühl<u>chen</u>

  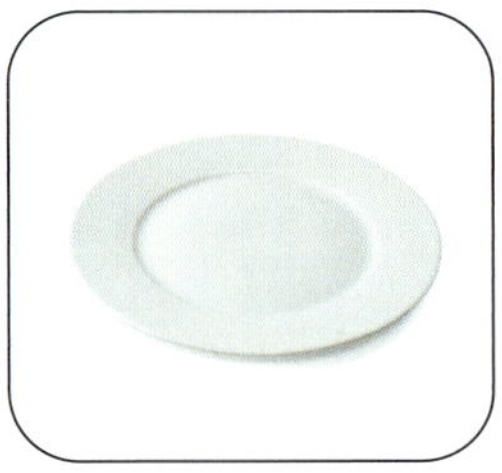 

3 Welcher Artikel steht immer vor dem Nomen mit **-chen**?

4 Suche sieben weitere Nomen mit der Nachsilbe **-chen**.
Schreibe sie mit Artikel in dein Heft.

5 Welche Nomen habt ihr gefunden? Tauscht euch aus.

Nachsilbe -chen – Umlaute

1 Schneewittchen schaut ins Häuschen rein, da sind die Dinge alle klein.
Was kann Schneewittchen im Haus der Zwerge sehen?

Nachsilbe -chen

Hängt man die Nachsilbe **-chen** an Nomen an, wird aus

a → ä au → äu
o → ö u → ü

2 Schreibe die Nomen in dein Heft.
Schreibe so: *das Glas – das Gläschen*

a → ä	au → äu	o → ö	u → ü
Glas	Baum	Brot	Blume
Wald	Haus	Socke	Stuhl
Jacke	Maus	Hose	Uhr

3 Was fällt dir bei der Bildung von Blümchen, Jäckchen, … auf?

4 Lies den Text und ersetze die Bilder durch die passenden Nomen mit der Nachsilbe **-chen**.

Schneewittchen geht durch ein kleines .
Unterwegs sieht es winzige  und .
Dann kommt es an ein niedriges .
Darin stehen sieben . Durstig trinkt es aus einem .
Schneewittchen wird müde und schläft bald ein.

Wörter mit Ei / ei

Hänsel und Gretel

Im Wald kommen Hänsel und Gretel an ein Haus.

Das Haus ist klein und mit Lebkuchen bedeckt.

Die Hexe sperrt Hänsel in den Stall.

Hänsel soll dick werden,

denn die böse Hexe will ihn verspeisen.

Als das Feuer im Ofen brennt,

stößt Gretel die Hexe hinein.

Gretel befreit ihren Bruder.

Im Hexenhaus finden sie Edelsteine.

Hastig stopfen sich beide Kinder die Taschen voll.

Schnell eilen sie nach Hause.

1 Ich: Lies den Text.

Du: Erzählt euch, was ihr gelesen habt.

Wir: Wer kennt den Anfang des Märchens? Erzählt.

2 Suche im Text alle Wörter mit **ei**. Schreibe sie in dein Heft.

3 Wie heißen die Wörter? Schreibe die Wörter auf und setze [Ei ei] ein.

■s	n■n	l■se	S■fe
Am■se	■er	schr■ben	f■n
zw■	bl■ben	■mer	L■ter

4 Wähle sechs Wörter aus Aufgabe 3 aus. Schreibe Sätze mit diesen Wörtern.

5 Schneidet ein Blatt eiförmig aus.
Sucht im Wörterbuch oder im Internet weitere Wörter mit **Ei / ei**.
Schreibt eure Wörter auf das Blatt und kreist **Ei / ei** ein.

äu oder eu?

1 **äu** oder **eu**? Wie entscheiden Mia und Mio?

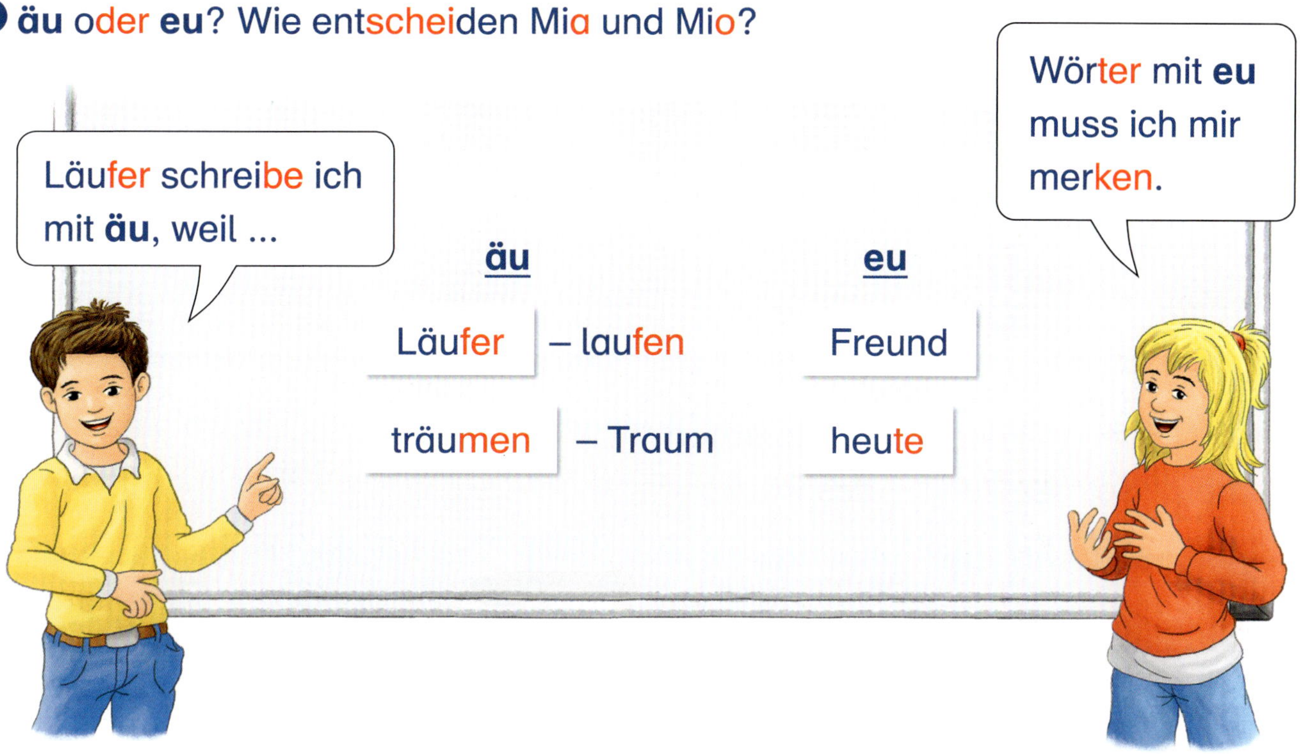

2 Ich: Lies die Wörter.
Schreibe zu jedem Wort mit **äu** ein verwandtes Wort mit **au**.

tr■men R■ber Verk■ferin sch■men

Du: Vergleicht eure Wörter.

Wir: Sucht in der Gruppe vier weitere Wörter mit **äu**.
Ihr könnt dazu das Wörterbuch benutzen.

3 Schreibe die Sätze ab.
Setze äu oder eu ein.
Überlege immer, ob du ein verwandtes Wort mit **au** findest.

M■se sind sehr sch■e Tiere.

Die R■ber verstecken die B■te.

Die F■erwehr löschte die brennenden H■ser.

Ich fr■e mich auf meinen Geburtstag.

Das Buch kostet n■n ■ro.

Das kann ich schon – 7

Nomen (Seite 92–93, Lösungsbeilage Seite 7–8)

1 Wende die Nomen-Probe an (siehe Seite 14).
Schreibe die Nomen so auf: die Tasche – die Taschen

Tasche	leise	neu	Stern	kommt	Säge
Füller	spült	Hase	Wurst	sitzt	Kissen

2 Bilde Nomen mit der Nachsilbe **-chen**.
Schreibe so: der Rock – das Röckchen

Rock	Blume	Schirm	Ente
Gans	Tor	Maus	Haus

Adjektive (Seite 87–90, Lösungsbeilage Seite 8)

3 Schreibe die gegensätzlichen Adjektive so auf: leise – laut

leise	sauber	klein
dunkel	gut	schwer

schmutzig	hell	böse
leicht	laut	groß

4 Wende die Adjektiv-Probe an (siehe Seite 89).
Schreibe die Adjektive so auf: kalt, ...

STEIN	KALT	GEHT	SCHÖN	GESUND	WEINT
BLEIBT	DICK	STARK	PFERD	GLÜCKLICH	ALT

5 Schreibe Satztreppen auf. Setze die Adjektive in der passenden Form ein.

Die Kinder finden Edelsteine.	schön	groß
Goldmarie schüttelt die Kissen.	weiß	weich
Frau Holle ist eine Frau.	alt	gerecht

Äu/äu oder Eu/eu? (Seite 95, Lösungsbeilage Seite 9)

6 Äu äu oder Eu eu? Schreibe die Sätze ab und ergänze.

Mia gibt der Verk■ferin einen ■ro.

Die Kinder r■men die n■en Spielsachen auf.

Die F■erwehrmänner rollen die Schl■che aus.

Großschreibung (Seite 91, Lösungsbeilage Seite 9)

7 Schreibe den Text richtig auf.
Setze Punkte und schreibe die Satzanfänge und Nomen groß.

sterntaler ist ein armes, kleines mädchen es besitzt
nur noch seine kleider und ein stück brot allein
geht es in die weite welt hinaus es verschenkt das brot
und seine kleider auf einmal fallen sterne vom himmel
und werden zu geldstücken

Lerntagebuch

Was hast du gelernt? Schreibe in dein Lerntagebuch.
Wie gut kannst du die Aufgaben? Male ☺ 😐 ☹.
Was möchtest du noch üben?

Das kann ich schon:

- Ich kann neue Nomen mit der Nachsilbe -chen bilden.
- Ich finde gegensätzliche Adjektive.
- Ich erkenne Adjektive und schreibe sie klein
- Ich kann eine Satztreppe mit Adjektiven bilden.
- Ich kann Wörter mit Äu/äu und Eu/eu richtig schreiben.
- Ich kann in Texten Punkte setzen und Satzanfänge und Nomen großschreiben.
- Ich kann die Wörter der Wortliste richtig schreiben.

Das möchte ich noch üben:

…

Wortliste

Eis
er schickt
er träumt
Feuer
hässlich
Häuser
heute
Hexe
Märchen
neu
neun
Stuhl
Wetter

Natur erleben und entdecken

1 Ich: Woran erkennst du, dass der Frühling wieder da ist?
Schau dir das Bild genau an und schreibe Frühlingswörter auf.

Du: Vergleicht eure Wörter.
Gestaltet in der Gruppe ein Plakat mit euren Frühlingswörtern.
Ihr könnt dafür auch das Tablet verwenden.

Wir: Stellt eure Ergebnisse in der Klasse vor.

2 Was machen die Kinder im Frühling? Bilde Sätze.
Schreibe so: *Sie hören den Kuckuck.*

sie	hören pflücken beobachten stecken spielen	Bohnen den Kuckuck Gänseblümchen auf der Wiese die Schmetterlinge

3 Was machst du gerne im Frühling? Schreibe in der ich-Form.

Ein Elfchen schreiben

1. Lies die Gedichte laut. Was fällt dir auf?

2. Warum heißen diese Gedichte Elfchen? Vermute.

3. Zähle bei jedem Gedicht die Wörter. Wie viele Wörter sind es?

warm
der Frühling
die Sonne scheint
ich fahre gern Rad
toll!

herrlich
der Frühling
überall ist er
ich will draußen spielen
endlich!

bunt
die Frühlingswiese
grün und gelb
ich pflücke einen Blumenstrauß
schön!

Elfchen

Elfchen sind eine Gedichtform.
Sie bestehen aus elf Wörtern
in fünf Zeilen.

4. Wie schreibst du ein Elfchen?

1. Zeile – 1 Wort:	Adjektiv
2. Zeile – 2 Wörter:	Nomen mit Artikel
3. Zeile – 3 Wörter:	Wie ist es? Wo ist es? Was geschieht?
4. Zeile – 4 Wörter:	Satz, der mit „ich“ anfängt
5. Zeile – 1 Wort:	Schluss: Ausruf!

5. Was machst du im Frühling? Was siehst und riechst du?
Schreibe ein Elfchen auf ein Schmuckblatt. Male dazu.

6. Lies dein Elfchen in der Klasse vor.

Zusammengesetzte Nomen

1 Adem zeigt immer zwei Bilder. Aisu bildet daraus zusammengesetzte Nomen.
Welche Bildkarten kann Adem kombinieren?

2 Welche Bilder ergeben ein sinnvolles Wort?
Nennt abwechselnd ein zusammengesetztes Nomen.

3 Schreibe die zusammengesetzten Nomen so auf:
der Zaun + der König: der Zaunkönig

Zaun	Löwen	Fenster
Kreuz	Regen	Vogel

Haus	König	Bogen
Zahn	Bank	Spinne

4 Erfindet selbst ein Bilderrätsel mit zusammengesetzten Nomen.
Malt Bilder dazu.

5 Stellt das Bilderrätsel in der Klasse vor.

6 Zerlege die zusammengesetzten Nomen.
Schreibe so: die Tischdecke: der Tisch, die Decke

Eine Bastelanleitung schreiben

1 Die Klasse möchte bunte Eier für einen Osterstrauß basteln.
Was benötigen die Kinder?

2 Was benötigen die Kinder zum Basteln? Schreibe die Materialliste.
Schreibe so: Materialliste

- *Seidenpapier in verschiedenen Farben*
- *...*

3 Timo erzählt, wie er die Eier ausbläst.
Lies Timos Anleitung laut. Was fällt dir auf?

Ich steche zuerst mit einem Eierpikser zwei Löcher in das rohe Ei.
Ich vergrößere dann vorsichtig das Loch an der breiteren Seite mit einer Stricknadel.
Ich steche nun mit einer langen Nadel den Dotter im Ei auf.
Ich blase jetzt kräftig durch das Loch an der spitzen Seite.
Der Inhalt fließt dabei in eine Schüssel. Fertig!

4 Stelle die Sätze um, damit jeder Satz mit dem unterstrichenen Wort beginnt.
Schreibe so:
Zuerst steche ich mit einem Eierpikser zwei Löcher in das rohe Ei.
Dann ...

5 Was machen die Kinder? Erzähle.

zuerst das Seidenpapier in kleine Stücke reißen

dann die Schnipsel in das Wasser tauchen

danach die Papierstücke an das Ei kleben

Einen Tag später …

später das trockene Seidenpapier von dem Ei lösen

jetzt einen Faden um das Streichholz binden

zuletzt das Streichholz in das bunte Ei stecken

6 Schreibe in der ich-Form auf, was die Kinder machen.
Schreibe so: Bunte Eier mit Seidenpapier
Zuerst reiße ich das Seidenpapier in kleine Stücke.

7 Was hast du schon für Ostern gebastelt?
Schreibe eine Anleitung.
Denke an die Überschrift und achte auf die Satzanfänge.

8 Lest eure Bastelanleitungen in der Klasse vor.
Habt ihr alles Wichtige geschrieben? Überprüft gemeinsam.

Die Überschrift passt.

Du hast alles genau beschrieben.

Deine Sätze beginnen abwechslungsreich.

Stichwörter schreiben

1. Die Klasse will Insekten schützen.
Die Kinder nehmen an einer Mitmachaktion teil.
Welche Ideen haben die Kinder, um Insekten zu helfen?

2. Schreibe die Sätze aus den Sprechblasen ab.
Unterstreiche in jedem Satz ein Stichwort.
Schreibe so: Insekten leben auch in <u>Trockenmauern</u>.

3. Schreibe die Stichwörter als Liste auf.

4. Warum gibt es immer weniger Insekten?
Recherchiere im Internet. Schreibe Stichwörter auf.

Insekten retten
- Trockenmauern
- ...

5. Stellt eure Stichwörter in der Klasse vor. Sprecht darüber.

Aufforderungssatz – Beobachtungen beschreiben

1 Malte möchte Bohnen stecken. Lili leitet ihn an.
In welcher Reihenfolge soll Malte vorgehen?

2 Was fällt euch bei Lilis Sätzen auf?

Aufforderungssatz

Nach Ausrufen und Aufforderungen steht als Satzschlusszeichen ein Ausrufezeichen **!**

Das Verb steht …

Am Satzende steht …

3 Schreibe die Sätze aus Aufgabe 1 in der richtigen Reihenfolge so auf:

1) Fülle Erde in ein Glas!

4 Steckt auch Bohnen und legt ein Bohnentagebuch an.
Macht Fotos oder malt dazu.

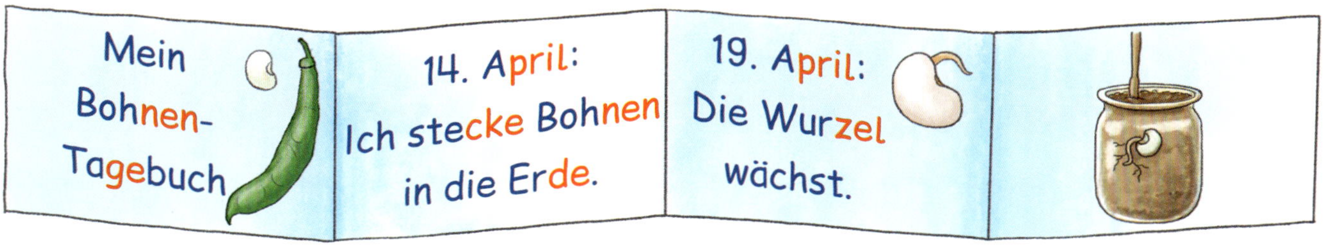

i oder ie?

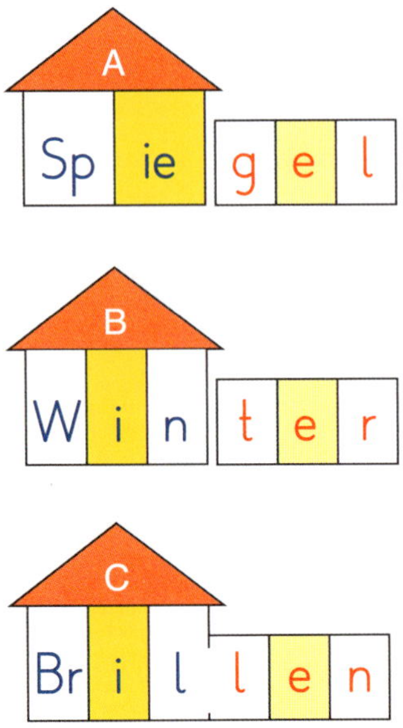

L●nde	g●ßen	W●se
l●gen	R●nde	kr●chen
T●nte	s●gen	tr●nken
n●sen	b●nden	Br●fe
w●nken	K●ssen	

1 Ich: Wie entscheidet Mio, ob er in der ersten Silbe **i** oder **ie** schreiben muss?

Du: Was habt ihr herausgefunden?

Wir: Besprecht eure Ergebnisse in der Klasse.

2 Schreibe die Wörter von der Tafel in eine Tabelle in dein Heft:

Wörter mit i	Wörter mit ie
Linde	gießen

3 Schreibe den Text ab und setze [i] oder [ie] ein.

Ein Nachmittag in der Natur

Sara und Aisu l●gen auf einer W●se.

Unter einer L●nde beobachten sie v●le kleine T●re.

Käfer krabbeln über die R●nde, Vögel zw●tschern ihre L●der,

B●nen fl●gen durch die Luft. Über den Boden kr●chen Schnecken.

Was für ein schöner Tag!

4 Wie entscheidet Mia bei einsilbigen Nomen?

i oder ie?

D●b

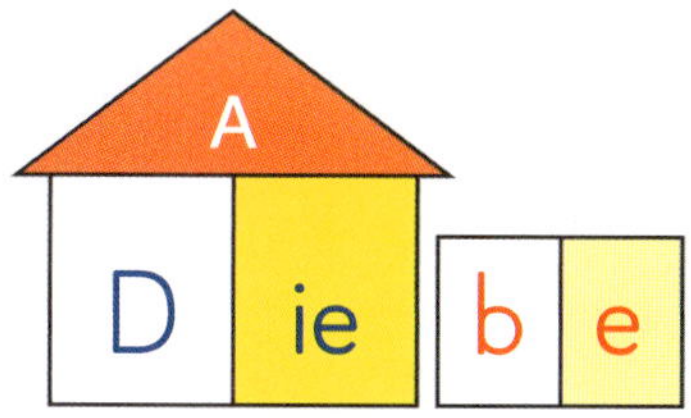

B●ld

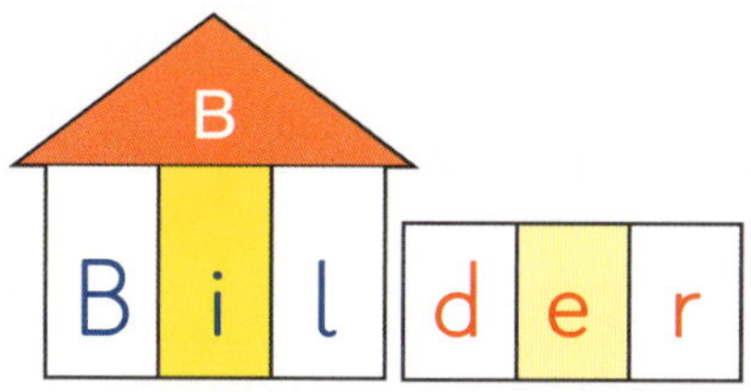

5 Warum bildet Mia zuerst die zweisilbige Form?

6 i oder ie? Schreibe die Wörter in dein Heft und entscheide.
Schreibe immer zuerst die zweisilbige Form: die Stiere – der Stier

St●r

W●nd

Sch●ld

S●b

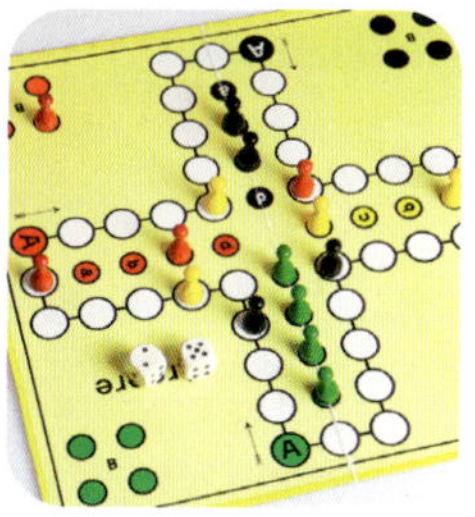
Sp●l

L●d

Schm●d

K●nd

St●l

Z●l

7 Lies die Sätze und schreibe sie ab.

Sieben liebe Bienen fliegen.

Die vier Diebe liegen auf der Wiese.

8 Fallen dir weitere Sätze mit **ie**-Wörtern ein? Schreibe sie auf.

Wörter mit ch

1 Lies den Text aus der Kinderzeitschrift.
Berichte, was du über Eulen erfahren hast.

Eulen jagen nachts

Wenn es dunkel wird, wacht die Eule auf.
Ihre Federn sind sehr weich.
Sie kann sich ihrer Beute geräuschlos nähern.
Nach dem Fressen würgt sie die Knochen
und Haare hervor und spuckt sie aus.
Die Eule kann diese Nahrungsreste
nämlich nicht verdauen.

2 Suche im Text alle Wörter mit **ch** und lies sie laut. Wie klingt **ch**?

3 Schreibe die Wörter mit **ch** in eine Tabelle in dein Heft:

ch wie in Milch	ch wie in Buch
weich	nachts

4 Schreibe die Sätze ab und ergänze die passenden Wörter.

Wochen | brauchen | hoch

Eulen sitzen ▬ oben in den Bäumen.
Für ihre Jungen ▬ sie viel Nahrung.
Nach etwa acht ▬ verlassen die Jungen das Nest.

5 Recherchiert im Internet oder in Büchern zu Eulen.
Beantwortet die Fragen:
- Wie alt werden Eulen?
- Was fressen Eulen?

6 Überlege dir weitere Fragen und suche die Antworten
im Internet oder in Büchern.

Aufnahme-Diktat

1 Wie schreibst du ein Aufnahme-Diktat?

Nimm den Text mit einem Aufnahmegerät (Computer, Handy, Tablet …) auf.
Lies laut bis zum Schrägstrich / .

Sage bei jedem Schrägstrich „Stopp“.
Zähle leise bis drei und lies dann weiter.
Lies so den ganzen Text.

Spiele nun die Aufnahme bis „Stopp“ ab.
Schreibe in dein Heft.
Schreibe so den ganzen Text.

Überprüfe und unterstreiche die Fehler.
Verbessere.

2 Schreibe den Text als Aufnahme-Diktat.

Auf der Wiese /

Im Frühling / finden wir / viele Tiere / auf der Wiese. /

Bunte Schmetterlinge / flattern / durch die Luft. /

Fleißige Bienen / fliegen / von Blüte zu Blüte. /

Regenwürmer lockern / die Erde auf. /

Schnecken kriechen / über den Boden / und fressen / Blättchen. /

Zwischen den Pflanzen / bauen Spinnen / ihre Netze. /

Füchse / streifen / durch Felder und Wälder. /

Ist das schön! /

Das kann ich schon – 8

Nomen (Seite 101, Lösungsbeilage Seite 9)

❶ Bilde zusammengesetzte Nomen. Verwende dazu immer zwei Bildkarten.
Schreibe so: das Haus + der Schlüssel: der Hausschlüssel

❷ Aus welchen Nomen sind die folgenden Wörter zusammengesetzt?
Schreibe so: der Kirschbaum: die Kirsche, der Baum

Kirschbaum	Schuhschrank	Ritterrüstung	Schneeflocke	Haustür

Satzschlusszeichen (Seite 105, Lösungsbeilage Seite 9)

❸ Schreibe die Sätze ab. Ergänze die fehlenden Satzschlusszeichen: . ? !

i oder ie? (Seite 106–107, Lösungsbeilage Seite 9–10)

❹ Schreibe die Wörter auf und ergänze [i] oder [ie].

W■nter	Sch■ne	w■ssen	n■sen	s■ben
K■ssen	T■nte	W■se	w■nken	R■se

❺ [i] oder [ie]? Schreibe die zweisilbige und die einsilbige Form so auf:
die Bilder – das Bild

B■ld Br■f Sch■ff K■nd T■r Sp■l D■b

ch (Seite 108, Lösungsbeilage Seite 10)

❻ Schreibe die Wörter mit **ch** in eine Tabelle in dein Heft:

ch wie in Milch	ch wie in Buch
Teich	suchen

Teich	suchen	reich	machen	leicht
rechnen	Dach	lachen	Woche	weich

Lerntagebuch

Was hast du gelernt? Schreibe in dein Lerntagebuch.
Wie gut kannst du die Aufgaben? Male ☺ 😐 ☹.
Was möchtest du noch üben?

Das kann ich schon:

- Ich kann zusammengesetzte Nomen bilden.
- Ich kann zusammengesetzte Nomen zerlegen.
- Ich kann die Satzzeichen . ? ! richtig ergänzen.
- Ich schreibe Wörter mit i und ie richtig.
- Ich schreibe Wörter mit ch richtig.
- Ich kann die Wörter der Wortliste richtig schreiben.

Das möchte ich noch üben:

…

Wortliste

Biene
Brief
er lacht
Eule
Fuchs
Käfer
kriechen
liegen
Schmetterling
sieben
siegen
Spiel
Tier

Rund um Bücher und Medien

❶ Schau dir das Bild an und erzähle.

❷ Welche Medien gibt es in der Mediathek?

❸ Welche Medien sind digitale Medien? Welche benutzt du?

①

②

③

④
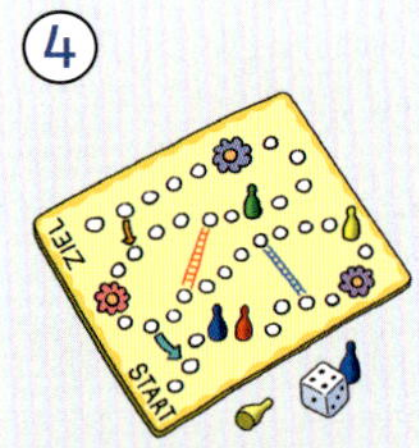

⑤

4 Ich: In der Mediathek gibt es viele verschiedene Bücher.
Bilde zusammengesetzte Nomen mit Buch und schreibe sie so auf:

das Märchen + das Buch: das Märchenbuch

Märchen | Abenteuer | Bilder | Tier | Rätsel | Sache

Du: Sucht für jedes Buch ein Beispiel und schreibt den Titel auf.

Wir: Stellt eure Ergebnisse in der Klasse vor.

5 Welche Art von Büchern liest du gerne? Warum?
Schreibe auf.

Medientagebuch

❶ Sara erstellt zu Hause ein Medientagebuch.
Sie schreibt auf, wie lange sie die Medien jeden Tag nutzt.
Was fällt dir auf?

Mein Medientagebuch

von: Sara

Mediennutzung in Minuten

	Mo	Di	Mi	Do	Fr	Sa	So	in der Woche
Computer/ Tablet	25	–	20	–	40	–	25	110
Smart- phone	–	–	–	–	–	20	–	20
Spiele- konsole	–	30	–	15	20	–	–	60
Fernseher	25	–	20	30	–	55	20	150
Buch/ Zeitschrift	20	30	15	30	45	–	40	180

❷ Welche Medien nutzt Sara?
An welchen Tagen nutzt Sara die einzelnen Medien?
Wie lange nutzt Sara die Medien in der Woche?

❸ Schreibe so in dein Heft:
Computer/Tablet: 110 Minuten in der Woche
Smartphone: ...

❹ Was nutzt Sara am meisten?
Was nutzt sie am wenigsten?
Schreibe auf.

❺ Wofür nutzt du diese Medien?

❻ Führe eine Woche lang dein eigenes Medientagebuch.

❼ Besprecht eure Ergebnisse in der Klasse.
Vergleicht.

Wörter mit V / v

1 Welche Besonderheit haben die Wörter mit **V**?

> **Wörter mit V / v**
> Diese Wörter musst du dir merken:
> Du hörst **F** oder **W**, schreibst aber **V**.

2 Lies die Wörter laut.
Schreibe die Wörter in eine Tabelle in dein Heft:

V wie F gesprochen	V wie W gesprochen
Vogel	Vase

Vogel	Vase	November	vier
Lava	Verkehr	Vater	brav
Vampir	Veilchen	Klavier	Vulkan

3 Schreibe die Sätze ab und setze passende Wörter aus Aufgabe 2 ein.
Schreibe so: a) Mein Bruder ist vier Jahre alt.

a) Mein Bruder ist ▬ Jahre alt.

b) Ich spiele gerne ▬.

c) Der ▬ sitzt im Nest.

d) Mein ▬ hat im ▬ Geburtstag.

4 Schreibe mit den restlichen Wörtern aus Aufgabe 2 eigene Sätze.

Vorsilben

1 Die Klasse bereitet die Lesenacht vor. Was machen die Kinder?
Setze das Verb **stellen** mit den Vorsilben zusammen.
Schreibe so: abstellen, ...

2 Schreibe die Sätze ab und ergänze das passende Verb aus Aufgabe 1.

Mio kann die Kiste auf dem Tisch ■.

Die Kinder dürfen ihre Bücher ■.

Timo und Adem sollen die Stühle ■.

Lili und Mia wollen das Schild ■.

3 Bilde mit den Vorsilben neue Verben und schreibe sie auf.

vor – lesen, sagen, singen

ver – stecken, schlafen, reisen

4 Schreibe den Text ab. Ergänze ver oder vor.

Heute ist Lesenacht. Die Kinder ■bringen die Nacht in der Schule.
Zuerst möchte die Lehrerin eine Geschichte ■lesen.
Dann darf jedes Kind sein Lieblingsbuch ■stellen.
Danach ■teilt die Lehrerin bunte Lesezeichen an die Kinder.

Buchvorstellung

❶ Malte stellt sein Lieblingsbuch in der Klasse vor.
Das hat er über sein Buch aufgeschrieben.
Lies Maltes Text. Warum hat er Abschnitte gebildet?

Mein Lieblingsbuch heißt:

Nils Holgersson

Die Autorin heißt:

Selma Lagerlöf

Die Hauptfiguren im Buch sind:

Nils Holgersson, die Hausgans Martin und die Wildgans Akka

Davon wird in meinem Buch erzählt:

Nils wird in einen Wichtel verwandelt und fliegt mit den Wildgänsen nach Lappland.
Gemeinsam erleben sie viele Abenteuer.

Darum gefällt mir das Buch:

Aus dem bösen Nils wird ein treuer Freund der Hausgans Martin.
Nils möchte sogar als Wichtel weiterleben, damit Martin nicht geschlachtet wird.

❷ Beschreibe dein Lieblingsbuch.

❸ Präsentiere das Buch in der Klasse:
- Trage deine Beschreibung frei vor.
- Lies eine interessante Stelle aus dem Buch vor.
- Beantworte die Fragen der anderen Kinder aus deiner Klasse.

Einen Text überarbeiten: Wortfeld „sehen“

1 Lies den Text. Was fällt dir auf?

Plötzlich findet sich Nils in der Luft wieder. Er sieht zwei Wildgänse vor sich. Ängstlich sieht er nach unten. Unter sich sieht er gerade noch die Häuser, Bäume und Tiere. In der Ferne sieht er das Meer. Auf einmal hat Nils keine Angst mehr. Er freut sich, dass er die Welt von oben sehen kann.

2 Welches Wort wiederholt sich häufig? Nenne die Zeile.

Wortfeld

Wörter in einem Wortfeld haben eine ähnliche Bedeutung. Mit ihnen kannst du etwas noch genauer beschreiben.

3 Was bedeuten die Verben? Bespreche gemeinsam.

beobachten | blicken | erkennen | entdecken

4 Schreibe den Text aus Aufgabe 1 ab. Ersetze das häufig wiederholte Wort durch ein genaueres Verb aus Aufgabe 3.

5 Vergleicht eure Ergebnisse.

6 Suche im Wörterbuch oder in einem Online-Wörterbuch weitere Verben, die du für **sehen** verwenden kannst.

Computer und Tablet als Schreibhilfe

❶ Wie heißen die Teile des Computers? Ordne richtig zu.

ⓐ Touchpad ⓑ Bildschirm (Monitor) ⓒ Maus ⓓ Tastatur

❷ Gibt es diese Teile auch bei einem Tablet?

❸ Lies den Text auf dem Bildschirm des Computers.
Was fällt dir auf?

❹ Schreibe den Text richtig auf. Verwende dazu das Wörterbuch oder ein Online-Wörterbuch.

❺ Tippe den Text mit dem Computer oder dem Tablet ab.
Überprüfe mit dem Rechtschreibprogramm.

❻ Probiere verschiedene Schriftarten und Schriftfarben aus.
Wie gefällt dir der Text am besten?
Drucke den Text dann aus.

❼ Vergleicht eure Ausdrucke.

Wörter mit Besonderheiten

1 Das Sams merkt sich mit lustigen Versen die Schreibweise von Wörtern.
Welches Reimwort passt?
Schreibe die Sätze ab und setze die Wörter ein.

Ich stampfe durch den Matsch
und mache ganz viel ▬.

Im Winter liegt viel Schnee,
ich tanze auf dem ▬.

Ich esse gern Salat
und hüpfe im ▬.

Quadrat

Quatsch

See

2 Kannst du die Rätsel lösen? Schreibe die Antwort so auf:
a) Nicht rechts, sondern links.

a) Nicht rechts, sondern ▬.

b) Viele Tiere leben im ▬.

c) Der 5. Monat heißt ▬.

d) Wäsche waschen wir in der ▬.

e) Einen Farbfleck nennt man auch ▬.

Maschine Mai links Klecks Zoo

3 Manche Wörter merkt sich das Sams so:

Wie wollt ihr euch diese Schreibweisen merken? Macht Vorschläge.

Stadt ein paar Haar

Wörter mit Sp, St und Sch

Herr Taschenbier zeigt dem Sams Bildkarten.

Ich höre bei allen Wörtern **Sch** am Anfang.

Du darfst **ch** sparen, wenn du nach dem **Sch** ein **p** oder **t** hörst. Zum Beispiel: **Spiegel**, **Stuhl**.

1 Wie heißen die Wörter auf den Bildkarten? Besprecht.

2 Welche Wörter werden mit **Sp** oder **St** am Wortanfang geschrieben?
Du kannst im Wörterbuch nachschauen.
Schreibe die Wörter in eine Tabelle in dein Heft:

Sp	St	Sch
Spinne	Stein	Schnecke

Sp oder St am Wortanfang

Vor **p** und **t** hörst du **Sch**, du schreibst aber **Sp** und **St**.

3 Das Sams dichtet gerne. Schreibe Reimwörter mit **Sp**/**sp** oder **St**/**st** auf.
Schreibe so: Wort – Sport

Wort Wange bringen gerne Gift

4 Schreibe mit den Wörtern aus Aufgabe 3 Sätze.

Das kann ich schon – 9

Vorsilben (Seite 116, Lösungsbeilage Seite 10)

❶ Schreibe die Verben mit passenden Vorsilben auf: einholen, ...

ein · aus · vor · ab · auf

holen · sagen

❷ Schreibe die Sätze ab und ergänze die Vorsilben ver oder vor.

Mia muss den Aufsatz ■schreiben.
Der Arzt ■schreibt Mio Hustensaft.

Hanna will den Text ■lesen.
Sie ■liest sich dreimal.

Momo darf an die Tafel ■gehen.
Die Zeit ■geht langsam.

Sp/sp, St/st oder Sch/sch? (Seite 121, Lösungsbeilage Seite 10)

❸ Schreibe den Text ab und ergänze.

Morgens ■aziert das Sams zum ■ielplatz.
Es geht mit seiner ■aufel zum Sandkasten.
Dann ■eckt es sich ein ■ück Sandkuchen in den Mund.
Die anderen Kinder ■aunen.
■äter läuft das Sams zum ■ortplatz und ■ellt sich an den Zaun.

Wortfeld „sehen“ (Seite 118, Lösungsbeilage Seite 10)

❹ Schreibe die Sätze ab und ersetze das Verb **sehen** durch ein genaueres Verb.

Hanna sieht, wie Bienen Nektar sammeln.

Timo sieht am Waldrand ein Reh.

Der Kapitän sieht auf das Meer hinaus.

In aller Ruhe sieht er das Gemälde.

betrachten
blicken
entdecken
beobachten

Fehler finden (Seite 120, Lösungsbeilage Seite 10–11)

5 Finde die sechs Fehler und schreibe die Sätze richtig auf. Verwende das Wörterbuch.

Das Wasser fließt aus der Kwelle in den See.

Sara geht mit ihrem Fater ins Schwimmbad.

Auf dem Spielplatz sind fiele Kinder.

In der Wase sind gelbe Tulpen.

Die Hekse reitet auf ihrem Besen durch die Luft.

Xaver hat 80 Sent in seinem Geldbeutel.

Lang oder kurz? – Doppelter Mitlaut (Lösungsbeilage Seite 11)

6 Schreibe die Nomen auf und ergänze. Denke an Silbenhaus A und C.

k/ck: Stö■e	n/nn: Spi■e	l/ll: Stä■e
t/tt: Spli■er	f/ff: Stu■e	k/ck: Spu■e

Lerntagebuch

Was hast du gelernt? Schreibe in dein Lerntagebuch.
Wie gut kannst du die Aufgaben? Male ☺ 😐 ☹.
Was möchtest du noch üben?

Das kann ich schon:

- Ich kann neue Verben mit verschiedenen Vorsilben zusammensetzen.
- Ich kann *sehen* durch genauere Verben ersetzen.
- Ich schreibe Wörter mit Sp/sp, St/st, Sch/sch richtig.
- Ich finde Fehler in einem Text.
- Ich schreibe Wörter mit doppeltem Mitlaut richtig.
- Ich kann die Wörter der Wortliste richtig schreiben.

Das möchte ich noch üben:

...

Wortliste

ein paar ...
Klavier
links
Mai
Schnee
See
Stadt
Stempel
verstehen
vier
Vogel
vorlesen
Zoo

Tiere als Freunde

1 Schau dir das Bild an und erzähle.

2 Wie kümmern sich die Menschen um die Tiere?

3 Ich: Welches Tier ist dein Lieblingstier?

Du: Nennt euch gegenseitig euer Lieblingstier.
Begründet.
Das Partnerkind schreibt Stichwörter dazu auf.

Wir: Stellt in der Gruppe das Lieblingstier
eures Partnerkinds vor.

4 Welches Tier ist am beliebtesten in eurer Klasse? Welches Tier wird am wenigsten genannt? Legt eine Strichliste an und besprecht das Ergebnis.

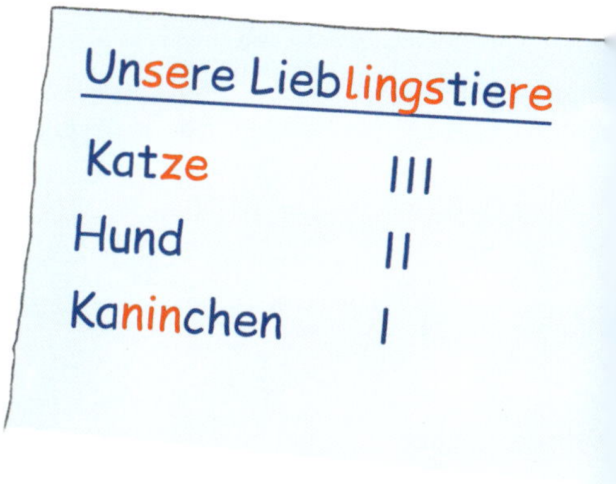

5 Wähle ein Thema aus und schreibe dazu in dein Heft.

Mein schönstes Tiererlebnis

Mein Wunschtier

6 Lest eure Texte in der Klasse vor.

Informationen sammeln, festhalten und ordnen

1 Lena und Jakob wollen der Klasse ihr Lieblingstier vorstellen.
Darum sammeln sie Informationen über den Labrador.
Welche Fachleute befragen sie?

2 Wie halten sie die Informationen fest?

3 Wie können sich Lena und Jakob noch über ihr Lieblingstier informieren?
Sammelt Ideen und stellt sie in der Klasse vor.

4 Lena und Jakob schreiben Stichwörter auf.
Wie ordnen sie die Stichwörter? Besprecht gemeinsam.

5 Schreibt die Oberbegriffe auf und ordnet alle Stichwörter aus Aufgabe 4 richtig zu.

Befragung von Fachleuten; Ordnen nach Oberbegriffen
Fachleute Aufgabe 1: Tierärztin, Zoofachhändler, Hundezüchter

Ein Plakat gestalten

1 Jakob hat dieses Plakat über den Labrador gestaltet. Sprecht darüber.

Der Labrador

Aussehen

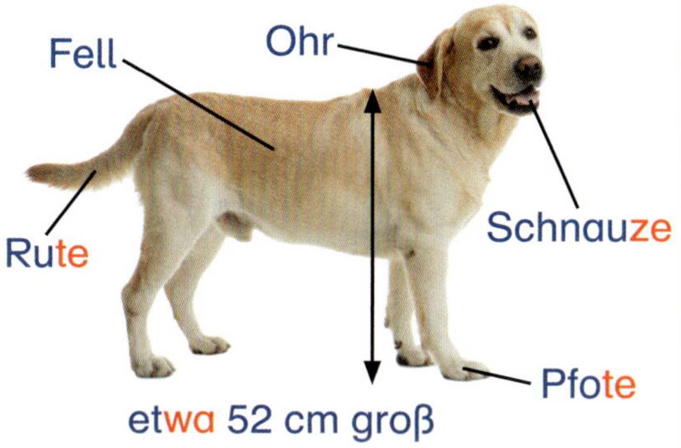

Nahrung und Trinken

- Der Labrador frisst Fleisch, Gemüse oder Fertigfutter.
- Er nagt gerne an Kalbsknochen.
- Er trinkt viel Wasser.

Haltung und Pflege

- Der Labrador ist ein Familienhund und braucht viel Kontakt zu Menschen.
- Man muss mit ihm trainieren und ihn erziehen.
- Er braucht dreimal am Tag Auslauf.
- Er muss regelmäßig gebürstet werden.

Zubehör

- Der Labrador spielt gerne mit einem Ball.
- Beim Gassigehen braucht er ein Halsband und eine Leine.
- Er braucht einen Fressnapf.
- Zum Schlafen benötigt er einen Hundekorb.

2 Gestalte ein Plakat über dein Lieblingstier:

- Informiere dich bei Fachleuten, in Büchern oder im Internet.
- Schreibe wichtige Begriffe auf Kärtchen und ordne sie.
- Verfasse mithilfe der Begriffe kleine Texte.
  Du kannst dafür auch den Computer verwenden.
- Suche Fotos im Internet oder in Zeitschriften oder male Bilder zu deinem Tier.
- Klebe die Texte, Fotos und Bilder auf ein Plakat.

Einen Vortrag halten

1 Jakob möchte einen Vortrag über den Labrador halten.
Lies den Text. Wie bereitet sich Jakob auf seinen Vortrag vor?

2 Wie präsentiert Jakob sein Plakat?

Jakob möchte frei vor der Klasse sprechen.
Darum lernt er den Text zuerst auswendig.
Dann übt er seinen Vortrag allein.
Später hält er den Vortrag vor Lena.
Weil Jakob aufgeregt ist, spricht er
ziemlich schnell und leise.
Während des Vortrags schaut er Lena an.
Er steht neben dem Plakat und
zeigt beim Sprechen darauf.
Am Ende bedankt Jakob sich für das Zuhören
und beantwortet Lenas Fragen.
Danach bittet er Lena um Rückmeldung.

3 Was könnte Lena Jakob rückmelden? Überlege.
Was hat Jakob gut gemacht?
Was könnte Jakob verbessern?

Du könntest ...

Ich denke, dass ...

4 Wie soll ein guter Vortrag sein? Schreibt auf.

Ein guter Vortrag:
- Ich spreche ...
- Ich betone ...
- Ich schaue ...
- Ich zeige...

5 Lerne deinen Text auswendig.

6 Halte deinen Vortrag vor einem Partnerkind.
Danach gibt dir dein Partnerkind Rückmeldung.
Übe deinen Vortrag noch einmal.

Bei einem Vortrag zuhören

1 Nun hält Jakob seinen Vortrag vor der Klasse.
Schau dir das Bild an. Was fällt dir auf?
Hören alle Kinder aufmerksam zu?

2 Welche Regeln und Tipps sind wichtig für das aufmerksame Zuhören?

ⓐ Ich überlege vor dem Vortrag, was ich schon über das Thema weiß.

ⓑ Ich schaue die Sprecherin oder den Sprecher an.

ⓒ Ich schaue aus dem Fenster.

ⓓ Ich mache mir Notizen.

ⓔ Ich merke mir meine Fragen und stelle sie erst nach dem Vortrag.

ⓕ Ich bin leise.

ⓖ Ich spreche während des Vortrags mit dem Nachbarkind.

ⓗ Ich lasse mich nicht ablenken.

3 Halte deinen Vortrag vor der Klasse. Die anderen Kinder hören zu.

4 Sprecht über eure Vorträge.

Ich habe erfahren, dass …

Ich meine, dass …

Wörter mit Pf / pf

❶ Schau dir das Bild an und erzähle.

❷ Bilde Sätze und schreibe so: Die Katze pflegt ihr Fell.

Katze ihr Fell pflegen	Ben Pony am Kopf streicheln
Reitlehrerin Pferd anbinden	Pferd viele kleine Zöpfe haben
Spatzen in Pfützen baden	Napf neben Hund stehen
Hund Pfote lecken	Mia durch den Matsch stapfen
Timo einen Apfel pflücken	Pferde auf dem Pfad traben

❸ Kreise **Pf / pf** in den Wörtern in deinem Heft ein.

❹ Suche im Wörterbuch fünf weitere Wörter mit **Pf / pf** und schreibe sie auf.

❺ Welche Wörter habt ihr gefunden? Vergleicht.

Einen Text anhören

1 Betrachte zuerst die Bilder: Worum könnte es in dem Text gehen?
Höre dir dann den Text an.

2 Höre den Text noch einmal an und schreibe Stichwörter zu diesen Fragen:

- Seit wie vielen Jahren reitet Ben schon?
- Wen trifft Ben manchmal auf dem Reiterhof?
- Was bedeutet der Name „Amigo“?

3 Lest den Text und überprüft eure Stichwörter.

Ben auf dem Reiterhof

Ben geht schon seit fünf Jahren regelmäßig zum Reiten.
Er verbringt gerne seine Zeit auf dem Reiterhof.
Manchmal trifft er dort auch Timo und Mia.

Ben ist stolz, dass er mit den anderen Kindern reiten kann.
Er hat großen Spaß beim Reiten.
Außerdem geht es ihm durch das Reiten besser:
Es lockert seine Beine und kräftigt seinen Rücken.

Bens Lieblingspferd heißt Amigo. Das ist spanisch und bedeutet „Freund“.
Ben streichelt gerne das weiche, braune Fell des Pferdes.
Weil Amigo so freundlich und ruhig ist, reitet Ben am liebsten auf ihm.

4 Warum ist Ben stolz darauf, reiten zu können? Sprecht darüber.

5 Wie können Tiere uns Menschen helfen? Überlegt.

Wörter mit tz

1 Schreibe die Reimwörter so auf:
Mütze – Pfütze

Mütze	kratzen
Hitze	sitzen
setzen	Blitz
nutzen	Tatze

Katze	putzen
Spritze	Sitz
Pfütze	platzen
hetzen	spritzen

2 Vergleicht eure Ergebnisse.

3 Lang oder kurz?
Sprich und klatsche die Wörter auf beide Arten.

Wörter mit **tz** schreibe ich immer in Silbenhaus …

ri■en	si■en	pu■en
fli■en	pla■en	spi■en
schni■en	spri■en	ki■eln

4 Was stellst du fest?

5 Schreibe die Verben mit **tz** in der Grundform und in der er-Form so auf:
ritzen – er ritzt

6 Wie entscheidet Mia bei einsilbigen Nomen?

Bei einsilbigen Wörtern bilde ich zuerst …

Wi■	Sa■	Bli■
Si■	Pla■	Scha■

7 Schreibe die Nomen mit **tz** aus Aufgabe 6 so auf:
die Witze – der Witz

8 Mia erzählt von ihrer Katze.
Schreibe den Text ab und ergänze tz.

Mein Haustier

Meine Ka■e heißt Mimi. Ihr Lieblingspla■ ist am Fenster.

Dort beobachtet sie viele Spa■en.

Sie si■t auch gerne in der Sonne und pu■t ihr Fell.

An einem Kra■baum we■t sie ihre Krallen.

Wenn ich sie rufe, fli■t sie bli■schnell in die Küche und frisst.

Je■t höre ich sie schma■en.

Wenn sie satt ist, springt sie mit einem Sa■ an ihren Pla■
und schnurrt zufrieden.

9 Was tut die Katze? Bilde Sätze.
Schreibe so: Die Katze macht einen Katzenbuckel.

Katze	machen schnurren wetzen fangen schlafen	Krallen Katzenbuckel zufrieden im Korb Maus

10 Was hast du schon mit Katzen erlebt?

Einen Sachtext lesen und argumentieren

1 Lies den Zeitungsartikel.

Hund an Autobahn ausgesetzt

Hamburg. Auf einem Rastplatz an der Autobahn A7 wurde gestern ein Hund entdeckt. Er war an einem Baum angebunden und wurde dort vermutlich ausgesetzt.

Gestern Morgen fand ein 43-jähriger LKW-Fahrer auf einem Rastplatz an der Autobahn A7 einen einsamen Hund. Das Tier war mit einer Hundeleine an einem Baum angebunden. Der Mann verständigte die Polizei.

Der Besitzer des Hundes konnte bisher nicht ermittelt werden. Die Polizei geht davon aus, dass der Hund absichtlich ausgesetzt wurde.
Das Tierheim Hamburg hat den Hund nun aufgenommen.

Haustiere in der Ferienzeit

In den Ferien werden viele Tiere einfach ausgesetzt, weil die Besitzer in Urlaub fahren möchten.

Für ein Haustier hat man Verantwortung! Bevor man sich ein Tier anschafft, muss man überlegen:

- Kann ich mein Haustier in den Urlaub mitnehmen?
- Können Freunde oder Nachbarn mein Tier in den Ferien versorgen?

2 Was steht im ersten Abschnitt? Erzähle.

3 Wer hat den Hund gefunden? Nenne die Spalte und die Zeile.

4 Warum werden in der Ferienzeit viele Haustiere ausgesetzt?

5 Was muss man noch bedenken, bevor man sich ein Haustier anschafft?

6 Warum schaffen sich manche Menschen kein Haustier an?
Schreibt drei Gründe auf:
Manche Menschen schaffen sich kein Haustier an, weil ...

7 Stellt die Gründe in der Klasse vor und sprecht darüber.

Wortarten erkennen – Richtig schreiben

1 Wie übst du die Wortarten?

Lies den Text.

Schreibe die Nomen in der Einzahl und in der Mehrzahl in dein Heft.

Schreibe die Adjektive mit dem Nomen und dem Artikel auf.

Schreibe die Verben in der Grundform und in der er-Form.

Schreibe den Text mit zwei Farben in dein Heft.

2 Übe mit dem Text.

Auf dem Reiterhof

Mia und Timo besuchen mit Freunden den Reiterhof.

Die Pferde grasen auf der großen Koppel.

Vor dem Zaun liegt eine braune Hündin.

Die kleinen Welpen spielen mit dem Ball.

Auf der Mauer putzt die Katze das weiche Fell mit der Pfote.

Die Kaninchen fressen die frischen Salatblätter.

Zum Schluss reitet jedes Kind. Das ist ein schöner Tag.

Eine Bildergeschichte schreiben

1 Schau dir die Bilder an. Erzähle.

2 Ich: Was könnte auf dem dritten und vierten Bild zu sehen sein?
Male dazu auf ein Blatt.

Du: Zeigt euch gegenseitig eure Bilder. Erzählt dazu.

Wir: Stellt eure Bilder in der Klasse vor. Passen sie zu der Geschichte?

Passt das Bild zum Anfang der Geschichte?

Passt das Bild zum Ende der Geschichte?

3 Überarbeite deine Bilder.

Mittelteil

Der Mittelteil ist der wichtigste Teil der Geschichte.
Im Mittelteil wird es spannend. Du erfährst hier, was genau geschieht:

- Was machen die Figuren?
- Was sagen die Figuren?
- Was fühlen die Figuren?

Mit diesen Satzanfängen kannst du besonders spannend erzählen:
Auf einmal … Plötzlich …

4 Welcher Text ist spannend? Begründe.

ⓐ Herr Müller wacht auf und löscht schnell das Feuer.

ⓑ Ängstlich ruft Frau Klein: „Was ist los?“

ⓒ Plötzlich bemerkt Herr Baum das Feuer. Er bekommt einen Schreck und ruft: „Hilfe!“

5 Schreibe die Geschichte mit einer Überschrift auf.
Beachte am Anfang die Fragen: Wann …? | Wer …? | Wo …? | Was …?
Schreibe einen spannenden Mittelteil. Der Schluss rundet die Geschichte ab.

6 Habt ihr alles Wichtige geschrieben?
Lest eure Geschichten in der Gruppe vor und überprüft gemeinsam.

7 Ergänze die fehlenden Angaben in deiner Geschichte.

Das kann ich schon – 10

Informationen sammeln und ordnen

(Seite 126, Lösungsbeilage Seite 11)

❶ Samira hat aufgeschrieben, was sie in den Urlaub mitnehmen möchte. Schreibe die Oberbegriffe ab und ordne die passenden Wörter zu:
Essen und Trinken: Kekse, ...

Essen und Trinken | Strandsachen | Kleidung / Schuhe | Körperpflege

Packliste für den Urlaub:

Kekse	Seife
Hosen	Strandtuch
Bananen	Sandalen
Zahnbürste	Waschlappen
Sonnenschirm	Cornflakes
Milch	Schaufel
Zahnpasta	Schwimmbrett
T-Shirts	Schlafanzug

F / f oder Pf / pf (Seite 130, Lösungsbeilage Seite 11)

❷ Schreibe den Text ab und ergänze F f oder Pf pf.

Timo ■ährt mit dem ■ahrrad zu seinem ■legepony.
Er bindet das Pony an einen ■osten.
Dann ■legt er das ■ell mit einer Bürste.
Das ■erd ist ungeduldig
und stam■t mit den Hu■en.
Timo ist gleich ■ertig.
Danach ■üttert er das Pony mit einem A■el.

Lang oder kurz? – z oder tz

(Seite 132–133, Lösungsbeilage Seite 12)

❸ Schreibe die Wörter auf und ergänze z oder tz.
Denke an Silbenhaus A und an Silbenhaus C.

Spa■en	Schnau■e	rei■en	Ka■e
Wei■en	fli■en	we■en	kra■en

Eine Geschichte schreiben (Seite 136–137, Lösungsbeilage Seite 12)

❹ Schau dir die Bilder genau an.
Was könnte auf dem dritten Bild zu sehen sein?

❺ Schreibe die Geschichte mit einer Überschrift auf.
Schreibe einen spannenden Mittelteil.

Lerntagebuch

Was hast du gelernt? Schreibe in dein Lerntagebuch.
Wie gut kannst du die Aufgaben? Male ☺ 😐 ☹.
Was möchtest du noch üben?

Das kann ich schon:

- Ich kann Wörter dem passenden Oberbegriff zuordnen.
- Ich schreibe Wörter mit F/f und Pf/pf richtig.
- Ich schreibe Wörter mit z und tz richtig.
- Ich schreibe eine Geschichte mit einem spannenden Mittelteil.
- Ich kann die Wörter der Wortliste richtig schreiben.

Das möchte ich noch üben:

...

Wortliste

Apfel
dann
Fell
Ohr
Pferd
Pony
putzen
Schnauze
schnell
Schreck
schwarz
Spatz

Fantasie und Wirklichkeit

❶ Die Kinder sind im Strandbad.
Schau dir das Bild an und erzähle.

❷ Die Kinder schlüpfen in ihrer Fantasie in verschiedene Rollen.
Welche Kinder spielen diese Figuren? Suche sie auf dem Bild.

❸ Was würdest du gerne in deiner Fantasie sein?

4 Worüber unterhalten sich die Kinder?
Was wollen sie feiern?

5 Ich: Was planen die Kinder für das Fest?

Du: Macht weitere Vorschläge für das Piratenfest.
Ihr könnt auch im Internet recherchieren.
Notiert Stichwörter.

Wir: Sammelt eure Vorschläge in der Klasse.

6 Hast du schon einmal ein Piratenfest gefeiert?

Eine Einladung schreiben

1 Die Klasse schreibt eine Einladung an ihre Partnerklasse.
Welche Angaben fehlen in der Einladung? Benutzt die Fragewörter:

Wen? | Was? | Wann? | Wer? | Wo?

Liebe ▬,

am ▬ wollen wir mit euch

ein ▬ feiern.

Wir treffen uns um ▬ auf unserem ▬.

Verkleidet euch bitte als Piratinnen und Piraten.

Wir haben uns einige Überraschungen ausgedacht.

Wir freuen uns auf euch.

Eure ▬

30. Juni
Piratenfest
Schulhof
Partnerklasse
15 Uhr
Piratenklasse

2 Schreibe die Einladung ab und ergänze die fehlenden Angaben.

3 Sara schreibt eine Einladung an Mia. Was hat sie vergessen?

Einladung

Liebe Mia,

am 15. August feiere ich meinen Geburtstag.

Ich freue mich, wenn du kommst.

Deine Sara

4 Schreibe Saras Einladung ab und ergänze passende Angaben.

5 Wozu möchtest du einladen? Schreibe deine Einladung auf ein Blatt.

Klassenfest | Schnitzeljagd | ?

6 Stellt eure Einladungen in der Klasse vor. Sind alle Angaben enthalten?

Einen Text überarbeiten: Wortfeld „gehen“

1 Kapitän Holzbein und seine Piraten suchen eine geheimnisvolle Schatzinsel. Lies den Text laut. Was fällt dir auf?

Seit vielen Wochen fahren die Piraten
über das Meer.
Eines Morgens geht der Schiffsjunge Piet
in den Ausguck.
Plötzlich ruft er: „Land in Sicht!“
Schnell geht er wieder hinab.
Kapitän Holzbein geht zum Steuerrad
und schaut durch das Fernrohr.
Erschrocken geht die Schiffskatze weg.
Neugierig gehen die Piraten an Deck.
Haben sie endlich die Schatzinsel gefunden?

Wortfeld **„gehen“**:

klettern
rennen
steigen
springen
hinken

2 Welches Wort wiederholt sich häufig?

3 Schreibe den Text ab und ersetze dieses Wort immer durch ein genaueres Verb aus dem Kasten.

4 Suche im Wörterbuch oder in einem Online-Wörterbuch weitere Verben, die du für **gehen** verwenden kannst.

5 Welche Wörter habt ihr gefunden? Vergleicht.

6 Hast du die Piratin auf dem Bild entdeckt? Warum hat sie sich als Mann verkleidet? Recherchiere im Internet.

Wörter mit h vor l, m, n, r

1 Lies den Text laut.
In welchen Wörtern hörst du das **h** nicht?

Kapitän Holzbein hat durch das Fernrohr eine Insel gesichtet.
Er reißt sich den Hut vom Kopf und pfeift durch die Zahnlücke.
Da flattert der zahme Papagei auf seine Schulter
und krächzt ihm laut ins Ohr: „Kahlkopf, Kahlkopf!“
Holzbein lobt den Schiffsjungen Piet:
„Gut gemacht, mein Sohn! Das muss die Schatzinsel sein.“
Nun soll die Insel erkundet werden.
Die Wahl fällt auf die zehn mutigsten Piraten.
Der Kapitän treibt die Piraten an:
„Seid nicht so lahm! Wir haben kein ganzes Jahr Zeit.“
Schnell lassen die Piraten das Beiboot ins Wasser und klettern hinein.

2 Schreibe die Wörter mit dem stummen **h** aus dem Text auf.
Bilde die einsilbige Form.
Schreibe so: das Fernrohr – das Rohr

3 Kreise bei den einsilbigen Wörtern im Heft den letzten Buchstaben ein.
Auf welche Buchstaben enden die einsilbigen Wörter mit dem stummen **h**?

4 Ordne die Wörter mit dem stummen **h** nach dem letzten Buchstaben.
Schreibe so: l: kahl, …
m: zahm, …
n: …
r: …

5 Gestaltet ein Plakat mit einem Piratenschiff für die Wörter mit dem stummen **h**.

6 Ordnet die Wörter aus Aufgabe 4 den Segeln zu.
Achtet auf den letzten Buchstaben.

7 Ordnet auch diese Wörter den passenden Segeln zu.

Lehm kühl Bahn sehr mehr

Das stumme h

In einsilbigen Wörtern, die auf **l, m, n, r** enden, steht vor diesen Buchstaben meistens ein **h**. Dieses **h** sprechen wir nicht.

Einen Text überarbeiten: ihm, ihnen, ihn

1 Lies den Text laut. Was fällt dir auf?

Kapitän Holzbein will in das Beiboot steigen.
Piet hilft Kapitän Holzbein, die Strickleiter hinabzuklettern.
Nun steigen die Piraten zu Kapitän Holzbein und Piet ins Boot.
Holzbein befiehlt den Piraten zu rudern.
Kapitän Holzbein setzt sich ans Steuerruder.
Piet fragt Kapitän Holzbein: „Darf ich auch mit?“
Gutgelaunt erlaubt Holzbein Piet, mit auf die Insel zu fahren.
Piet strengt sich beim Rudern mächtig an.
Holzbein lobt Piet: „Du bist wahrhaft ein tüchtiger Schiffsjunge!“

2 Tauscht euch aus. Lest die Geschichte noch einmal.
Ersetzt dabei die unterstrichenen Wörter durch ein passendes Wort.

ihm ihm ihm ihnen ihn ihn

3 Schreibe die Geschichte in dein Heft. Vermeide Wiederholungen.

4 Wie könnte die Geschichte weitergehen?
Schreibe auf und male ein Bild dazu.

5 Stelle deine Geschichte in der Klasse vor.

Sprachen vergleichen: Abschiedsgrüße

1. Die Piraten kehren mit dem Schatz zurück und verabschieden sich.
Lest die Abschiedsgrüße in den verschiedenen Sprachen.
In welche Länder kehren die Piraten zurück?

2. Vergleicht die Abschiedsgrüße. Was fällt euch auf?

3. Hört euch die Grüße an. Erkennt ihr die Sprachen?

4. Schreibe die Abschiedsgrüße und das passende Land auf.
Schreibe so: a) *Auf Wiedersehen! – Deutschland*

5. Sagt abwechselnd einen Gruß und nennt die Sprache.

6. Wie verabschiedet ihr euch in eurer Mundart?

7. Kennt ihr Abschiedsgrüße in weiteren Sprachen?
Ihr könnt auch im Internet recherchieren.

Das kann ich schon – 11

Stummes h (Seite 144–145, Lösungsbeilage Seite 11)

❶ Ordne die Wörter mit dem stummen **h** nach dem letzten Buchstaben.
Schreibe so: l: Zahl, ...

Jahr	Lehm	Zahl	Sohn	zahm	Ohr
lahm	Zahn	Uhr	kühl	Wahl	zehn

❷ Setze passende Wörter aus Aufgabe 1 ein.

Ein ▬ hat zwölf Monate.

Die Fünf ist eine ▬.

Jan ist ▬ Jahre alt.

Das Wasser im See ist ▬.

❸ Setze die Wörter ein: ihn ihnen ihm ihr ihr

Der Schiffsjunge Piet klettert zu Kapitän Holzbein
ins Beiboot. Dieser reicht ▬ ein Ruder.
Nach kurzer Zeit erreichen sie ▬ Ziel.
Sie ziehen ▬ Boot an Land.
Die anderen Piraten helfen ▬.
Der Kapitän holt die Schatzkarte hervor.
Erwartungsvoll blickt Piet ▬ an.

Wortfeld „gehen" (Seite 143, Lösungsbeilage Seite 12)

❹ Schreibe die Sätze ab und ersetze das Verb **gehen** durch ein genaueres Verb.

Malte geht die Leiter hinauf.
Hanna geht mit Mesi um die Wette.
Die Katze geht zum Mauseloch.
Das Pferd geht über die Hindernisse.
Der Vogel geht auf dem Ast hin und her.

schleichen
hüpfen
springen
klettern
laufen

Eine Einladung schreiben (Seite 142, Lösungsbeilage Seite 12)

5 Du möchtest deinen Freund oder deine Freundin zu deiner Geburtstagsfeier einladen.
Schreibe eine Einladung.
Denke an die Angaben zu den Fragen:

Wer …? Wo …? Wen …?

Wann …? Was …?

Lerntagebuch

Was hast du gelernt? Schreibe in dein Lerntagebuch.
Wie gut kannst du die Aufgaben? Male ☺ 😐 ☹.
Was möchtest du noch üben?

Das kann ich schon:

- Ich schreibe Wörter mit stummem h richtig.
- Ich kann die Wörter *ihm, ihn, ihnen, ihr* richtig verwenden.
- Ich kann *gehen* durch genauere Verben ersetzen.
- Ich schreibe eine Einladung mit den wichtigsten Angaben.
- Ich kann die Wörter der Wortliste richtig schreiben.

Das möchte ich noch üben:

…

Wortliste

Bahn
er geht
ihr
Klasse
kühl
mehr
Pirat
plötzlich
sehr
Uhr
Woche
Zahl
Zahn

Selbstständig üben mit Wortkarten

Wörter auf Wortkarten schreiben

❶ Sammle Wörter, die du schwierig findest.
Schlage diese Wörter im Wörterbuch nach.

❷ Schreibe immer ein Wort auf eine Karte:

- bei Nomen mit Artikel
- bei Verben die Grundform
- bei Adjektiven nur das Adjektiv

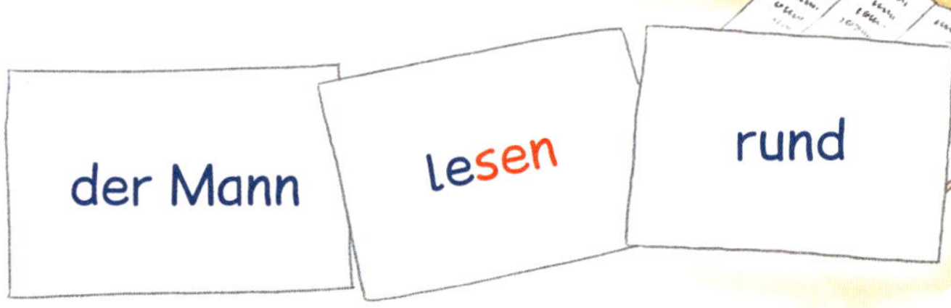

❸ Schreibe so auf die Rückseite der Karte:

- bei Nomen die Mehrzahl mit Artikel
- bei Verben die er-Form
- bei Adjektiven das Adjektiv mit einem passenden Nomen und Artikel

❹ Ordne die Wortkarten in das erste Fach der Lernbox ein.

Alleine üben mit den Wortkarten

❶ Schau die Vorderseite und die Rückseite der Wortkarten genau an und sprich in Silben.

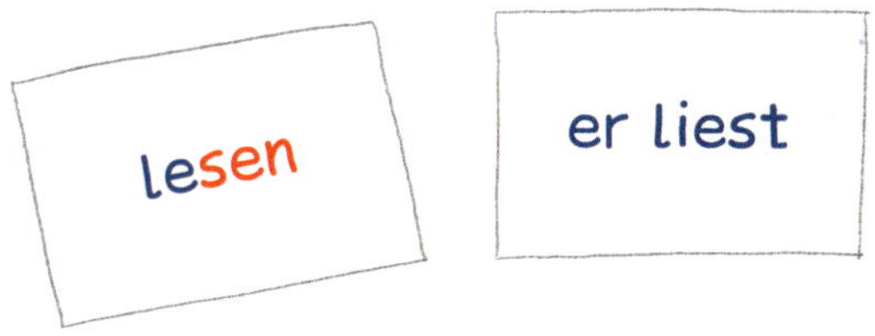

❷ Lege die Karte weg.
Sprich in Silben und schreibe auf.

❸ Vergleiche genau.

❹ Ordne die Karte in die Lernbox ein:

- Richtig geschriebene Wörter wandern ein Fach weiter.
- Falsch geschriebene Wörter bleiben in dem Fach, aus dem du die Karte genommen hast.

Du kannst auch mit einem Partnerkind üben!

Ein Lerngespräch führen

Lerngespräche helfen dir, dein Lernen zu verbessern.
Zur Vorbereitung kannst du die Einträge in deinem Lerntagebuch lesen.
So kann ein Lerngespräch ablaufen:

- Wie fandest du die Lernaufgabe oder deinen Lernweg?

- Welche Lern- und Übungsaufgaben können dir helfen?

- Bis wann möchtest du diese Aufgaben erledigt haben?

- Wie fandest du das Gespräch?

Gespräche können so sein:
hilfreich,
ermutigend,
verwirrend,
entmutigend …

❶ Schaut euch die einzelnen Gesprächsszenen an:
- Wie läuft ein Lerngespräch ab?
- Wie könnt ihr euch vorbereiten?

❷ Spielt ein Lerngespräch.
Benutzt dazu die Formulierungen in den Sprechblasen.

❸ Findet weitere Formulierungen.

Mit dem Wörterbuch arbeiten

Du bist dir nicht sicher, wie ein Wort geschrieben wird?
Das Wörterbuch oder die Wörterliste helfen dir.
Die Wörter sind nach dem Abc geordnet.

Zusammengesetzte Nomen

Manche zusammengesetzte Nomen findest du nicht im Wörterbuch.
Du musst sie in die einzelnen Wörter zerlegen.

❶ Zerlege die zusammengesetzten Wörter und schlage die einzelnen Wörter im Wörterbuch nach.
Schreibe sie mit der Seitenzahl auf:
Apfelbaum: der Apfel, Seite …
der Baum, Seite …

Apfelbaum   Vogelfeder   Zootier   Schultasche

Verben

Verben stehen im Wörterbuch oder in der Wörterliste immer in der Grundform, die er-Form steht dahinter.

❷ Suche die Grundform im Wörterbuch und schreibe sie mit der Seitenzahl auf: rennen, Seite …

rennt   spielt   singt   übt   rechnet

Wörter trennen

Am Zeilenende musst du manchmal Wörter trennen.
Im Wörterbuch stehen zwischen den Silben senkrechte Striche.
Beachte: Selbstlaute (Vokale) dürfen nicht einzeln stehen.

❸ Wie werden die Wörter getrennt?
Schreibe sie mit Bindestrichen auf und vergleiche mit dem Wörterbuch:
Re-gen-bo-gen: Re|gen|bo|gen, Seite …

Regenbogen   malen   brummen   Papagei   Feuerwehr

Ich – Du – Wir

Ich: Alleine arbeiten

Bearbeite die Aufgabe selbstständig:
Was kannst du?
Wo brauchst du Hilfe?

Du: Austauschen mit dem Partnerkind

Sprecht über eure Ergebnisse und über offene Fragen. Helft euch gegenseitig. Einigt euch auf ein gemeinsames Ergebnis.

Gruppenarbeitsphase

Ihr könnt die Ergebnisse der Partnerarbeit zunächst in der Kleingruppe vorstellen und eine gemeinsame Präsentation erarbeiten.

Wir: Vorstellen in der Klasse

Stellt die Ergebnisse der Partner- oder Gruppenarbeit in der Klasse vor und sprecht darüber. Erarbeitet ein gemeinsames Ergebnis.

Wörterliste

A a

aber
der Advent
der Affe, die Affen
alle – alle Kinder
alles
als
also
am
die Ameise, die Ameisen
an
antworten, er antwortet
der Apfel, die Äpfel
arbeiten, er arbeitet
auch
auf
die Aufgabe, die Aufgaben
das Auge, die Augen
aus
das Auto, die Autos

B b

das Baby, die Babys
backen, er backt
baden, er badet
die Bahn, die Bahnen
bald
die Bank, die Bänke
der Bär, die Bären
der Baum, die Bäume
bei
die Biene, die Bienen
das Bild, die Bilder
die Birne, die Birnen
bisschen – ein bisschen
das Blatt, die Blätter
blau – der blaue Himmel
bleiben, er bleibt
die Blume, die Blumen
die Blüte, die Blüten
böse – der böse Geist
brauchen, er braucht
braun – das braune Reh
der Brief, die Briefe
die Brille, die Brillen
bringen, er bringt
das Brot, die Brote
der Bruder, die Brüder
brummen, er brummt
das Buch, die Bücher
bunt – das bunte Tuch

C c

der Cent, die Cents
der Clown, die Clowns
der Computer, die Computer

D d

da
danken, er dankt
dann
das
dem
denken, er denkt
der
des
dich
dick – das dicke Buch
die
der Dienstag
diese
dir
doch
die Dose, die Dosen
der Drachen, die Drachen
dreckig – die dreckigen Kleider
du
dunkel – der dunkle Keller
durch
dürfen, er darf

E e

das Ei, die Eier
ein, einem, einen, einer, eines
einmal
das Eis
das Ende, die Enden
endlich

Wörterliste

	eng – die enge Hose
die	**Ente**, die Enten
	er
	es
der	**Esel**, die Esel
	essen, er isst
die	**Eule**, die Eulen
der	**Euro**, die Euro

F f

	fahren, er fährt
die	**Familie**, die Familien
die	**Feder**, die Federn
der	**Fehler**, die Fehler
	fein – der feine Strich
das	**Feld**, die Felder
das	**Fell**, die Felle
das	**Fenster**, die Fenster
die	**Ferien**
das	**Feuer**, die Feuer
	finden, er findet
	fleißig – das fleißige Kind
	fliegen, er fliegt
	fragen, er fragt
die	**Frau**, die Frauen
	fressen, er frisst
der	**Freund**, die Freunde
	frisch – das frische Obst
die	**Frucht**, die Früchte
der	**Frühling**
der	**Fuchs**, die Füchse
der	**Füller**, die Füller
	für
der	**Fuß**, die Füße
der	**Fußball**, die Fußbälle

G g

die	**Gabel**, die Gabeln
	ganz
der	**Garten**, die Gärten
	geben, er gibt
der	**Geburtstag**, die Geburtstage
	gehen, er geht
	gelb – das gelbe Gemüse
	gesund – das gesunde Frühstück
die	**Glocke**, die Glocken
das	**Glück**
das	**Gras**, die Gräser
	groß – das große Haus
	grün – das grüne Gras
der	**Gruß**, die Grüße
die	**Gurke**, die Gurken
	gut – die gute Luft

H h

das	**Haar**, die Haare
	haben, er hat
der	**Hai**, die Haie
die	**Hand**, die Hände
der	**Hase**, die Hasen
	hässlich – die hässliche Farbe
das	**Haus**, die Häuser
	heiß – der heiße Tag
	her
der	**Herbst**
	heute
die	**Hexe**, die Hexen
der	**Himmel**
	hinter
	hoch – die hohe Brücke
	holen, er holt
	hören, er hört
die	**Hose**, die Hosen
der	**Hund**, die Hunde

I i

ich
ihr
im
immer
in, ins
ist

J j

	ja
das	**Jahr**, die Jahre
der	**Junge**, die Jungen

Wörterliste

K k

der **Käfer**, die Käfer
der **Kaiser**, die Kaiser
die **Kastanie**, die Kastanien
die **Katze**, die Katzen
der **Keks**, die Kekse
das **Kind**, die Kinder
die **Kiste**, die Kisten
die **Klasse**, die Klassen
das **Klavier**, die Klaviere
der **Klecks**, die Kleckse
das **Kleid**, die Kleider
klein – der kleine Stein
klettern, er klettert
knacken, er knackt
können, er kann
der **Koffer**, die Koffer
der **Kopf**, die Köpfe
krank – die kranke Oma
kriechen, er kriecht
kühl – die kühle Luft

L l

lachen, er lacht
laufen, er läuft
laut – der laute Knall
leben, er lebt
legen, er legt
leicht – die leichte Feder
leise – die leise Stimme
lernen, er lernt
die **Leute**
lieben, er liebt
das **Lied**, die Lieder
liegen, er liegt
links
der **Löwe**, die Löwen

M m

machen, er macht
das **Mädchen**, die Mädchen
der **Mai**
malen, er malt
das **Märchen**, die Märchen
die **Maschine**, die Maschinen
die **Maus**, die Mäuse
mehr
meinen
die **Minute**, die Minuten
mir
mit
müssen, er muss
der **Monat**, die Monate
die **Mutter**, die Mütter

N n

nach
nächste
die **Nadel**, die Nadeln
der **Name**, die Namen
nämlich
der **Nebel**, die Nebel
nein
neu
neun
nicht
nirgends
noch
nun
nur
die **Nuss**, die Nüsse

O o

oder
ohne
das **Ohr**, die Ohren
die **Oma**, die Omas
der **Onkel**, die Onkel
der **Opa**, die Opas

P p

paar – ein paar …
der **Partner**, die Partner
pfeifen, er pfeift
das **Pferd**, die Pferde
die **Pflanze**, die Pflanzen

Wörterliste

pflücken, er pflückt
die Pfütze, die Pfützen
der Pinsel, die Pinsel
der Pirat, die Piraten
die Pizza, die Pizzas
plötzlich
die Pommes
das Pony, die Ponys
putzen, er putzt

Q q

das Quadrat, die Quadrate
quaken, er quakt
der Quatsch
die Quelle, die Quellen

R r

der Rabe, die Raben
die Raupe, die Raupen
rechnen, er rechnet
reden, er redet
der Regen
der Regenbogen
reisen, er reist
rennen, er rennt
der Riese, die Riesen
der Ring, die Ringe
rollen, er rollt
rot – die rote Rose
rufen, er ruft
rund – der runde Ball

S s

sagen, er sagt
das Salz
der Satz, die Sätze
das Schaf, die Schafe
scheinen, er scheint
schenken, er schenkt
die Schere, die Scheren
schicken, er schickt
das Schiff, die Schiffe
schlafen, er schläft
schmecken, er schmeckt
der Schmetterling, die Schmetterlinge
schmücken, er schmückt
die Schnauze, die Schnauzen
die Schnecke, die Schnecken
der Schnee
schneiden, er schneidet
schnell – das schnelle Auto
schon
schön – die schöne Blume
der Schreck, die Schrecken
schreiben, er schreibt
die Schule, die Schulen
schwarz – die schwarze Flagge
die Schwester, die Schwestern
schwimmen, er schwimmt
der See, die Seen
sehen, er sieht
sehr
die Seife
sich
sie
sieben
siegen, er siegt
sind
singen, er singt
sitzen, er sitzt
so
sollen, er soll
der Sommer
die Sonne, die Sonnen
sparen, er spart
der Spaß, die Späße
der Spatz, die Spatzen
das Spiel, die Spiele
spielen, er spielt
der Sport
sprechen, er spricht
springen, er springt
die Stadt, die Städte
der Stahl, die Stähle
staunen, er staunt
der Stein, die Steine
der Stempel, die Stempel
der Stern, die Sterne
stören, er stört
die Straße, die Straßen
der Stuhl, die Stühle

Wörterliste

die **Stunde**, die Stunden
suchen, er sucht

T t

der **Tag**, die Tage
die **Tante**, die Tanten
die **Tasche**, die Taschen
das **Telefon**, die Telefone
der **Tee**, die Tees
das **Tier**, die Tiere
der **Tiger**, die Tiger
der **Tisch**, die Tische
die **Tomate**, die Tomaten
träumen, er träumt
traurig – das traurige Kind
trinken, er trinkt
trotzdem
die **Tulpe**, die Tulpen
tun, er tut
turnen, er turnt

U u

üben, er übt
über
die **Uhr**, die Uhren
um
und
uns

V v

die **Vase**, die Vasen
der **Vater**, die Väter
verstehen, er versteht
viel
vier
der **Vogel**, die Vögel
von
vor
vorlesen, er liest vor
der **Vulkan**, die Vulkane

W w

wann
warten, er wartet
was
das **Wasser**
der **Wecker**, die Wecker
weg
der **Weg**, die Wege
das **Weihnachten**
weil
weiß – das weiße Haus
weit
weiter
wenn
wer
werden, er wird
das **Wetter**
wie
wieder
die **Wiese**, die Wiesen
der **Wind**, die Winde
der **Winter**
wir
wirklich
wo
die **Woche**, die Wochen
der **Wolf**, die Wölfe
die **Wolke**, die Wolken
wollen, er will
das **Wort**, die Wörter
wünschen, er wünscht
die **Wurzel**, die Wurzeln

Z z

die **Zahl**, die Zahlen
zahlen, er zahlt
zählen, er zählt
der **Zahn**, die Zähne
zeigen, er zeigt
die **Zeit**
die **Ziege**, die Ziegen
das **Zimmer**, die Zimmer
der **Zoo**
zu
der Zucker
zwei